北京语言大学语言科学院学人书系

汉语语法的多层面考察

张宝林　著

北京语言大学出版社
BEIJING LANGUAGE AND CULTURE
UNIVERSITY PRESS

图书在版编目（CIP）数据

汉语语法的多层面考察 / 张宝林著．-- 北京 ：北京语言大学出版社，2015.10
ISBN 978-7-5619-4329-8

Ⅰ.①汉… Ⅱ.①张… Ⅲ.①汉语－语法－研究
Ⅳ.① H14

中国版本图书馆 CIP 数据核字（2015）第 247752 号

汉语语法的多层面考察

HANYU YUFA DE DUO CENGMIAN KAOCHA

排版制作：北京创艺涵文化发展有限公司
责任印制：姜正周

出版发行：北京语言大学出版社
社　　址：北京市海淀区学院路 15 号，100083
网　　址：www.blcup.com
电子信箱：service@blcup.com
电　　话：编辑部 8610-82301016
发行部 8610-82303650/3591/3648
北语书店 8610-82303653
网购咨询 8610-82303908
印　　刷：北京京华虎彩印刷有限公司

版　　次：2015 年 10 月第 1 版　　印　　次：2015 年 10 月第 1 次印刷
开　　本：787 毫米 × 1092 毫米 1/16　　印　　张：13.25
字　　数：273 千字
定　　价：42.00 元

PRINTED IN CHINA

序

为人作序，在我来说这还是第一次，就好像是刚刚登上大学讲坛时的心情一样，我感到有点儿忐忑。张宝林老师是我的同事，也是我的朋友，当他的《汉语语法的多层面考察》摆在我的桌子上的时候，我为他多年来的辛勤劳动终于有所收获而感到欣喜。

我和宝林相识是在上个世纪八十年代后期，我刚刚到北京语言大学（当时称北京语言学院）工作，在系里担任研究生教学秘书的工作，宝林当时是在读的硕士研究生，师从赵淑华教授。由于大家都对汉语语法研究感兴趣，所以经常有交流的机会。课余时间我们还经常在一起打篮球。宝林长我两岁，但是他一直称我为老师，这是因为他为人谦虚、待人诚恳。他的治学和教书也一直保持着这样的风格：谦虚、务实。宝林的勤奋和谦虚好学的精神给我留下了十分深刻的印象。

宝林的研究工作主要关注以下几个方面：一是关于汉语词类问题的考察，这是因为他接受了胡明扬先生的影响；一是特殊句式的分析、汉语语段研究，这是因为他的导师赵淑华教授在这方面造诣很深；一是关于汉语教学的思考，这是因为他所供职的北京语言大学以语言教学为主要任务。在这几个方面的研究中，窃以为最值得称道的是关于汉语语段的研究。正如好多先生曾经提到过的：外国留学生经过一段时间的学习以后，在单句表达方面可以做到基本正确，但是成段表达却大成问题。有一些学习者学习汉语多年，写文章时还是“语无伦次”。语段表达问题成了外国学习者学习汉语的一个瓶颈。有鉴于此，我认为宝林在汉语语段方面的研究是十分有价值的。正如陆俭明先生所说，上个世纪八十年代出现的“句群热”只限于汉语作为母语教学的领域，而在汉语作为第二语言教学领域，语段的研究长期处于准空白状态。中国传统的语文学十分重视篇章表达问题的研究，可惜这一优良传统并没有很好地继承下来。目前汉语语言学界十分重视语言结构层面的研究，从某种意义上说忽视了表达层面的研究。虽然出现了一阵子“句群热”，在语段和篇章方面的研究也已经取得了一些重要的研究成果，但是研究的深度和广度都还不够，无论是理论方面还是应用层面，都还有很多问题有待于深入探讨。宝林的主要贡献在于：

第一，梳理了语段研究的主要问题，例如对语段的认识、语段的基本特征、语段的分类、语段的结构方式、语段与复句的关系、语段的生成、语段研究的方法、语段研究与教学的关系等等；

第二，用定量分析的办法研究了一些具体问题。语料取自于不同文体的文本，保证所研究的问题不受文本差异的影响；

第三，研究了语段的组合特征，统计了语段组合的方式；

第四，提出了语段教学的设想；

第五，涉及了汉语水平考试中的语段测试问题。

语段重要，但是语段的研究是比较困难的，这种困难不仅仅是因为前人的研究基础薄弱，还因为我们目前的研究手段和研究方法在面临复杂问题时还难以完全做到游刃有余。涉及表达的问题既有结构关系的问题，又有意义关联的问题、逻辑层次的问题，规律往往隐藏在冰山下面冰冷的海水中，我们看到的只是冰山的一角。宝林的研究还刚刚开始，但是从他的研究路径上我们能够看到他的研究是与时俱进的。

为人写序一般是好话多说，缺点少说。但是我觉得有些问题还是应该指出。第一个问题是收入本书的研究成果主题不是很集中，我希望有一天宝林能够拿出一本专门研究语段问题的著作来；第二是宝林的研究还没有充分吸收中国传统语文学的研究成果和国外语言学的研究成果。语文学和语言学关注的问题不同，研究范式也很不相同，但是可以互相借鉴；第三是有些问题的研究还没有深入下去。

最近两年，我和宝林一直在做“HSK 动态作文语料库”的基础研究工作，把留学生高等考试的作文做成语料库，这样既可以为中介语的研究提供素材，也可以为汉语篇章问题的研究打下基础。我们希望能够从留学生的作文语篇中发现一些问题，并寻找到解决问题的办法。

语言学的发展需要动力，我以为中国语言学的发展需要以下几个方面的动力：

第一是语言学应该为国家发展战略服务。现在国家在大力推进文化产品走出去的战略，语言也是一种资源，也可以提升国家的软实力，我们的语言研究一定要抓住这个发展的契机，把基础研究和应用研究摆在同等重要的地位上。

第二是语言学的发展一定要适应社会发展的需要。一个学科在社会生活中的地位如何取决于这个学科对社会所做出的贡献和社会对这个学科的需要。江蓝生先生曾经说过："谁远离社会，社会就会远离他。"此言不虚。

第三是学科发展的内在动力和外在动力。学科发展的内在动力是学科自身的完善，从研究范式到研究方法、研究手段都要更新；学科发展的外在动力是其他学科对语言学的推动。第二语言教学、语言信息处理、母语教育、语言的社会生活等研究领域都迫切地希望语言学家的参与。

第四是应该有高瞻远瞩的学界领袖和一大批有献身精神的人才。宝林和我都是语言学界的普通一兵，我们希望在自己所熟悉的领域为语言学做出自己的贡献。

此时正是春暖花开的季节，这是播种和耕耘的季节。我盼着能够看到宝林在研究工作中有更大的收获。是为序。

崔希亮

2005 年 4 月 11 日

于北京来园

目　录

上编　词类考察

中编　“是……的”句研究

下编　语段研究

附　录

后　记

上编　词类考察

第一章　离合词的确定与离合词的性质

引言

本章所讨论的离合词指动宾式离合词，例如“毕业、见面、结婚、道歉、操心、做主、留神、散步、叹气、担心”等，也可称为离合动词。这种词在语法研究中一直是一个引起人们广泛关注的问题，在对外汉语教学中也是一个较难处理的问题。有人认为这种词是短语（王力，1955：55；吕叔湘，1979：25-26），也有人认为是词（林汉达，1955；李清华，1983），还有人认为是离则为短语，合则为词的离合词（陆志韦，1957：22、79）。其中，“短语说”和“离合词说”影响最大。

本文根据离合词可离可合的基本特点，在《汉语水平词汇与汉字等级大纲》（国家对外汉语教学领导小组办公室汉语水平考试部，1992）中 3590 个动词（含兼属动词和他类词的兼类词）和短语的范围内，共选出 355 个可离可合的动名组合，逐一对它们进行了考察分析，在此基础上，提出了鉴定离合词的若干标准，并从一个比较新的角度对离合词的性质进行了探讨。

1. 离合词的鉴定标准

1.1 用组合成分中是否含有黏着语素来鉴定离合词。

凡含有黏着语素的都是离合词。在我们选出的355个动名组合中，共有含黏着语素的194个，约占54.6%。其中两个构成成分都是黏着语素的29个，含一个黏着语素的165个。不含黏着语素的161个，约占45.4%（详见附表一）。

是否含有黏着语素涉及词的概念问题。一般认为词是“最小的自由活动的语言片断”（吕叔湘，1979：17），黏着语素不能自由活动，只有和前后的语素合成一个单位后才能自由活动。从这个意义上说，含有黏着语素的动名组合不可能是短语，而只能是词。又因为它可以扩展，和一般的词有所区别，所以它只能是比较特殊的词——离合词。这种推论应该说是合乎逻辑的。赵金铭先生（1984）曾用层次分析，以“道歉、录音、鞠躬、鼓掌”等词为例，对动名组合中名词性成分是黏着语素的情况进行分析，认为这种动名组合是“单词化结构，或者就是词”，具有很强的说服力。可见，用是否含有黏着语素来鉴定离合词是一种比较妥善的办法。

一些论著在谈及区分词和短语的方法时，也曾用是否含有黏着语素或组成成分能否单用进行区分，但一遇到可以扩展的情况，就立即把能否扩展作为绝对标准：只要能扩展，不论是否含有黏着语素，都一律视为短语。而用这种方法来区分词和短语，却只能导致一种结果，即认为所谓“离合词”是不存在的，它们“跟一般的动名组合没有什么两样”（吕叔湘，1979：26），我们认为这种看法不够准确，因为它忽略了离合词的特殊性，即与一般的动名组合相比，它的扩展形式是受限的。这种看法过于“刚性”，缺乏对具体情况的具体分析。更为严重的后果则是“放大了仂语的范围”，“而放大仂语范围，就相对缩小了词的范围。其结果，表现在对汉语词汇的看法上，自然会得出中国语是单音节词占优势的一种结论，表现在对语法的认识上，往往把构词法的问题，带到句法结构中去解决，增加了结构分析的繁复性”。（胡附、文炼，1982：170）这当然是不足取的。

1.2 搭配严格受限，即一个动词性成分只能与一个名词性成分组合，或一个名词性成分只能与一个动词性成分组合的动名组合是离合词。

例如动词性成分“毕”“叹”“聊”“起”在各自相应的义项上，分别只能与名词性成分“业”“气”“天儿”“哄”组合；名词性成分“眠”“殃”“光”“旱”在各自相应的义项上，前边也分别只能与动词性成分“失”“遭”“沾”“抗”组合。在我们选出的355个动名组合中，这种词共有87个，约占24.5%。其中的56个因含有黏着语素而已被列入离合词，其余的31个都是由两个自由语素组成的（详见附表一）。

吕叔湘先生（1979：23）曾经指出：“形名组合不是很自由的”，“组合不自由，就是有熟语性，这是复合词的特点。”我们在研究中发现，很多动名组合的动词性成分只能与1至3个名词性成分组合，名词性成分也只能与1至3个动词性成分组合。在355个动名组合中，只能与一个动词性成分或名词性成分搭配的动名组合共有87个，占24.5%（例见上段）。能与2至3个动词性成分或2至3个名词性成分搭配的动名组合有191个，占53.8%。例如动词性成分“把”可与“门”“关”等两个名词性成分组合，“签”可与“名”“字”“到”等三个名词性成分组合；名词性成分“弯”可与“拐”“转”等两个动词性成分组合，“境”可与“出”“入”“越”等三个动词性成分组合。能与4个以上动词性成分或4个以上名词性成分搭配的动名组合很少，只有77个，占21.7%。例如动词性成分“参”可与“军”“政”“赛”“战”等4个名词性成分组合；“罢工”一词中“罢”除与“工”搭配之外，还可与“课”“教”“市”等组合，“工”的前边除“罢”之外还可与“复”“出”“怠”“放”“停”“开”“做”等动词性成分组合（详见附表一）。我们选取其中最严格的一种情况，即把只能有一种搭配形式的动名组合划入离合词。

1.3 非动宾式而用如动宾式的动名组合是离合词。

这种词数量很少，在355个动名组合中只有7个（鞠躬、洗澡、游泳、睡觉、游行、考试、登记），而且除“登记”之外，其他6个均因含有黏着语素而已被列入离合词，但仍有必要把本项作为一个标准。因为这些词有特殊性，它们本来不是动宾式，而是联合式，后来却被人们用作动宾式，带有一种“强制转换”的意味，而且多是得到人们普遍承认的离合词。

1.4 可以扩展又兼属名词或形容词的是离合词。

兼属名词的共有21个，除“签证、刹车、移民、命题、导游、存款、贷款”等13个因含有黏着语素，“作文”因只有一种搭配形式而已被列入离合词外，另有“编号、同事、同学、同屋”等7个。兼属形容词的共有31个，除“倒霉、灰心、得意、着急”等12个因含有黏着语素，“冒险、懂事、淘气、吃亏、狠心”等5个因搭配受限已被列入离合词外，另有“丢人、要命、吃惊、争气”等14

个（详见附表二）。把这些兼类词视为离合词，一方面因为其中有些是比较典型的离合词，如“放心、争气、签名、吃惊”等，另一方面也可以这样理解，即这些词本来是名词或形容词（在大多数情况下它们确实是被当作名词、形容词来用的），也是由于一种“强制转换”的作用才产生了这种离合词的用法。

1.5 离合词的数量范围和分类

凡符合上述四个鉴定标准中任何一个标准的动名组合，都应划入离合词。

根据我们的鉴定标准，在355个动名组合中，共有离合词248个，约占70%。我们可以把这些离合词分为5类:（1）含有黏着语素的离合词;（2）搭配严格受限的离合词;（3）非动宾式而用如动宾式的离合词;（4）与名词兼类的离合词;（5）与形容词兼类的离合词。由于第（3）类词本身数量有限，又基本包括在第（1）类当中，所以可将此类与第（1）类合并。（4）、（5）两类也可以合并。这样离合动词就只有含黏着语素的、搭配严格受限的和兼属他类的三个小类了。另有一个特殊的离合词“帮忙”①（详见附表二）。

2. 对离合词性质的再认识

在上文的讨论中，我们已经表明了对离合词基本性质的看法，即离合词是词，不是短语；但它可以扩展，不同于一般的词，是一种比较特殊的词。本节换一个角度，从原式与变式、常例与特例这个着眼点来探讨这个问题。

所谓“原式”是指事物原来的、最初的、没有经过任何变化的形式，“变式”是指已经发生了变化、和原式有所不同的形式。所谓“常例”是指常见常用的形态，“特例”则是偶然出现的形态。汉语词类因为没有形态变化，词、短语、句子的组合规则又基本相同，因而造成了离合词和双音动宾短语在分辨上的困难。汉语词的双音化趋向决定了“合”是离合词的原式与常例，词语使用的灵活性又使离合词产生了“离”的变式与特例。也可以理解成离合词“是词与短语之间的中间状态成分”(史有为，1992：21)，这使它产生了原式与变式、常例与特例两

① “帮忙”是一个很特殊的离合词，它的后一个成分不是名词性的，而是形容词性的；在意义上，它不是“帮”所涉及的对象，而是“帮”的原因，与一般的离合词很不相同。所以在附表二中把它单独列为“其他”一类。

种不同形态。但是，我们不能将其视为短语（见上文1.1），也不能把它们理解为“合起来是一个词，……两段分开了，就是两个词”，它们“合则为一，离则为二”。（陆志韦，1957：22注②、79）主要原因是：

（1）这种理解过于宽泛，与双音动宾短语界限不清，无法把二者区分开；

（2）不合逻辑，“从同一性角度看，‘洗澡’和‘洗了一个澡’中的‘洗’和‘澡’既然是同一个东西，那么就很难认为它们是不同的语法单位”（史有为，1992：11）；

（3）不利于教学，特别是不利于对外汉语教学。说一个语言单位既是词又是短语，在此处是词而在彼处是短语，学生难以把握。我们把离合词看作一种特殊的，可以具有两种不同形态的词，这在理论上是可以成立的，在教学上也比较方便。吕叔湘先生（1979：26）曾经指出“很多动名组合，两个成分或其中的一个不能单用；因而整个组合一般也不拆开用，可以当作一个词看待。但是要拆开也很容易……”，并举出“努力、赌气、报名、过期、谢幕、裁军”等例子。吕先生所说“一般不拆开用”，实际上就是指离合词的原式与常例，“要拆开也很容易”则是说离合词的变式与特例。把“合”与“离”看作是原式与变式、常例与特例，应该说是符合吕先生这段话的精神的。

上述观点还可以从以下几个方面得到验证。

（1）离合词的变式（即其扩展形式）虽然多种多样，但没有一本词典的词条是以其变式出现的，而都是以不扩展的形式出现。

词典中词条的形式当然是原式。在实际的言语交际中，在用到离合词时也常常用它的原式。例如：

①小李帮忙去了，给老王帮忙去了。

②他们一见面，就觉得很说得来。

③哟！花这么多钱买了个伪劣产品，上当了！

④他洗澡去了。

⑤人家直道歉，您就别言语了。

（2）那些可以带宾语的离合词，在带上宾语之后，一律不能再扩展，而必须以其原式出现。例如：

⑥他一直很注意这个问题。

⑦我最不放心这件事。

⑧他担心你明天来不了。

⑨他正在起草一个文件。

⑩别光顾看热闹，当心小偷！

（3）运用离合词的变式是为了使意思的表达更加具体、明确。当离合词表示的动作影响到人，为把受影响的人表达出来，才会使用离合词的变式，将其加以扩展。（张理明，1982）例如：

⑪a 我真想见他一面。

⑫a 他会帮你忙的。

⑬a 他到你家告你的状去了。

⑭a 您就别生他的气了。

但即使如此，我们仍然可以用介词把涉及的人提到离合词的前面做状语，从而使离合词保持其原式。例如上面的 4 个例句可以改为：

⑪b 我真想跟他见面。

⑫b 他会给你帮忙的。

⑬b 他到你家给你告状去了。

⑭b 您就别跟他生气了。

从以上三方面可见，不扩展应是离合词的原式与常例，扩展则是为了表达的需要做的一种临时变通，是变式与特例。因此我们可以这样说：离合词是一种可以临时改变其形态的，有一定特殊性的词。

3. 结语

对离合词范围的界定，过去的研究存在着一定的片面性：或失之于“严”，对离合词全盘否定，否认它的存在；或失之于“宽”，模糊了离合词与双音动宾短语的界限，使它过于膨胀。我们认为对离合词既不应回避或否定，也不应任意扩大其范围。因此我们从几种不同的角度进行观察和分析，提出了鉴定离合词的四个标准，并且确定只要符合其中一条，即可划为离合词。标准不仅有科学性，也有针对性，一般公认的离合词都能“入选”；对于如何确定离合词，也比较容易把握。

总之，本文的想法是既承认离合词的存在，又对其增加一些限制，使其有别于双音动宾短语，以期对离合词的研究和教学能有所贡献。

附表一：动名组合中的动、名搭配情况

搭配形式		有此种搭配形式离合词数目	例词
BB（29）	$D+M_1$	9	毕业、注意、当面、革命、经商、贷款、鞠躬、劳驾、决口
	D_1+M	1	失眠
	$D+M_{2-3}$	13	就业、就职、宣誓、如意、创业、摄影、导航、示威、值班、尽力、执勤、鼓掌、散步
	$D_{2-3}+M$	1	失业
	$D+M_{4个以上}$或$D_{4个以上}+M$	5	失学、失效、罢工、施工、参军
BF/FB（165）	$D+M_1$	30	酗酒、叹气、待业、行军、纳税、贬值、谱曲、享福、将军、努力、睡觉、据说、播音、辞职、延期
	D_1+M	16	定性、遭殃、招生、转向、移民、做主、投资、集邮、办公、告状、化妆、成交、投机、游泳、留念
	$D+M_{2-3}$	63	见面、录音、负伤、剪彩、超产、售货、吵架、旷课、入学、起草、操心、翻身、像样、得意、当心
	$D_{2-3}+M$	29	出境、走私、道歉、发炎、行贿、发烧、纳闷儿、开幕、着急、献身
	$D+M_{4个以上}$或$D_{4个以上}+M$	27	开学、投产、结婚、打架、做工、破产、上班、发誓、发火、有效、洗澡
FF（161）	$D+M_1$	25	成人、空心、刹车、作文、起哄、干杯、拼命、照相、沾光、聊天儿、攻关、狠心、淘气、抓紧
	D_1+M	6	变质、抗旱、打针、分红、开刀、吃亏
	$D+M_{2-3}$	65	留神、签名、发财、下乡、违法、抽烟、投票、提名、滑冰、挂号、把关、念书、听话、要命、丢人
	$D_{2-3}+M$	20	没辙、抽空、造反、编号、告别、跳舞、开会、干活儿、转弯、办事、有利、有名
	$D+M_{4个以上}$或$D_{4个以上}+M$	45	守法、出神、开饭、报名、请假、排队、说谎、生病、犯罪、加油、上台、用力、对头、同事、同学

附表一说明：

1.BB 表示两个构成成分都是黏着语素，BF/FB 表示含有一个黏着语素，FF 表示两个构成成分都是自由语素。

2.$D+M_1$ 表示动词性成分只能与一个名词性成分搭配，D_1+M 表示名词性成分只能与一个动词性成分搭配，$D+M_{2-3}$ 表示动词性成分可与 2 至 3 个名词性成分搭配，$D_{2-3}+M$ 表示名词性成分可与 2 至 3 个动词性成分搭配，$D+M_{4个以上}$或 $D_{4个以上}+M$ 表示动词性成分可与 4 个以上的名词性成分搭配，或名词性成分可与 4 个以上的动词性成分搭配。

附表二：离合词表（共 248 个）

类型			数目	离合词
含黏着语素（194）	BB（29）	一般的	27	毕业、罢工、参军、创业、当面、导航、革命、鼓掌、经商、就业、就职、尽力、决口、劳驾、如意、失眠、失业、失学、失效、施工、摄影、示威、散步、宣誓、值班、执勤、注意
		本非动宾式的	1	鞠躬
		兼属名词的	1	贷款
	FB/BF（165）	一般的	136	闭幕、办公、办学、保险、报名、报仇、贬值、播音、超产、吵架、成交、成人、成套、辞职、出境、出院、出差、出口、出面、裁军、操心、打架、待业、担保、捣乱、捣蛋、道歉、到期、当心、怠工、定性、定婚、登陆、动工、动身、发火、发誓、发病、发烧、发言、发炎、发愁、翻身、放学、分工、负伤、付款、告状、会客、化妆、怀孕、合伙、集资、集邮、加班、加速、剪彩、减产、建交、见效、见面、将军、据说、结业、结婚、开学、开工、开幕、旷工、旷课、离婚、理发、留念、留意、留学、录音、露面、免费、冒牌、命名、纳税、纳闷儿、谱曲、破产、起草、起身、请客、请愿、缺席、让步、入学、入境、上当、上任、上班、上学、升学、生效、生气、失事、施肥、售货、撒谎、叹气、探亲、投产、投标、通商、通航、吸毒、下班、行贿、行军、酗酒、消毒、献身、享福、延期、迎面、执政、执法、致词、致富、招工、着凉、住院、转向、整风、遭殃、造句、增产、做主、作案、坐班、做工、走私
		本非动宾式的	5	考试、睡觉、洗澡、游泳、游行
		兼属名词的	12	拨款、存款、导游、罚款、汇款、捐款、命题、赔款、签证、刹车、投资、移民
		兼属形容词的	12	安心、碍事、称心、得意、倒霉、害羞、灰心、努力、投机、像样、有效、着急

续表

<table>
<tr><th colspan="2">类型</th><th>数目</th><th>离合词</th></tr>
<tr><td rowspan="4">搭配受限（32）</td><td>一般的</td><td>25</td><td>变质、点火、对话、担心、打针、分工、拐弯、干杯、攻关、敬礼、结果、看病、空心、抗旱、开刀、聊天儿、拼命、起哄、下令、算数儿、泄气、招手、沾光、照相、抓紧</td></tr>
<tr><td>兼属名词的</td><td>1</td><td>作文</td></tr>
<tr><td>兼属形容词的</td><td>5</td><td>吃亏、懂事、狠心、淘气、冒险</td></tr>
<tr><td>本非动宾式的</td><td>1</td><td>登记</td></tr>
<tr><td rowspan="2">兼属他类（21）</td><td>兼属名词的</td><td>7</td><td>编号、回信、签名、签字、同学、同屋、同事</td></tr>
<tr><td>兼属形容词</td><td>14</td><td>吃惊、丢人、对头、服气、放心、听话、伤心、要命、有利、有名、有用、用力、用心、争气</td></tr>
<tr><td colspan="2">其他</td><td>1</td><td>帮忙</td></tr>
</table>

:: 参考文献 ::

国家对外汉语教学领导小组办公室汉语水平考试部．汉语水平词汇与汉字等级大纲 [M]. 北京语言学院出版社，1992.

胡 附、文 炼.词的范围、形态、功能//现代汉语参考资料（下册）[M].胡裕树，主编．上海教育出版社，1982. 原载《中国语文》，1954(8).

李清华．谈离合词的特点和用法 [J]．语言教学与研究，1983(3)．

林汉达．什么是词儿——小于词的不是词儿 [J]．中国语文，34-1955(4).

陆志韦．汉语的构词法 [M]．科学出版社，1957.

吕叔湘．汉语语法分析问题 [M]. 商务印书馆，1979.

史有为．呼唤柔性——汉语语法探异 [M]. 海南出版社，1992.

王 力．中国语法理论（上册）[M]. 中华书局，1955.

张理明．论短语动词 [J]．语文研究，1982（第一辑）.

赵金铭．能扩展的“动＋名”格式的讨论 [J]．语言教学与研究，1984(2).

原载《语言教学与研究》1996 年第 1 期

与赵淑华老师合作

第二章　关系动词的鉴定标准

引言

关系动词先后有过同动词、系词、联系动词、判断词、判断动词、分类动词等多种名称，是汉语动词中较为特殊因而引起人们广泛关注的一类词。前人对这类动词多有论述，研究涉及关系动词的功能、归属、分布位置、语法特征、所连接的前后两项之间的关系等诸多问题。其中有些问题尚未得到彻底解决，比如关系动词的数量范围，就还是一个众说纷纭、悬而未决的问题。许多论著指出：关系动词为数不多。这无疑是正确的，但学者们列出的具体数目却相差极大，从一个[①]、几个，到十几个、几十个不等。

对这一问题的看法差异如此之大，关键是对关系动词的基本性质的认识不同，各自所使用的判定关系动词的标准各异。因此，本章拟对关系动词的鉴定标准再做一番探讨，以期对关系动词的范围问题得出一个新的结论。

---

① 王力曾指出："就汉语来说，真正的系词只有一个'是'字。"见《汉语史稿》（中册），第347页；又如邢福义主编《现代汉语》（全一册），第270页；胡裕树主编《现代汉语》（重订本），第287页；黄伯荣、廖序东主编《现代汉语》（增订二版，下册），第13页，谈到判断动词时，也只提到一个"是"。

1. 考察关系动词的最大范围

前人提及的关系动词的名称及数量有：

马建忠称关系动词为决辞，有“是、非、为、即”4个（马建忠，1983：26）；另有“有、无、似、在、类、如、若”7个同动词（马建忠，1983：177、182），合计11个。

黎锦熙把关系动词称为同动词，另有准同动词；他把同动词分为两大类：决定的同动词和推较的同动词。前者有“是、系、为、就是、即、便是、乃是、乃、算是、算、不是、非、匪、为、作（做）、成、化为”17个；后者有“像、像是、好像、好像是、犹如、如同、如、好似、似、等于”10个；另有“决定名称或情状的”准同动词“叫做、叫、说是”3个，文言的“谓之、之谓、曰”3个，同内动的“有”及其否定式“没有”，以及“没、无、欠”等共计5个；认定名义的外动词“认、称、谓、当、以、以为”6个亦应属此类，合计44个。（黎锦熙，1992：19、50-52、96、99-102）

王力、吕叔湘都把关系动词分为系词和准系词两类，王力所述系词有“是、非、为、即、乃、系”6个，准系词有“像、似、如”3个，合计9个（王力，1985：115、122）；吕叔湘提及“是、为、乃、即、非”5个系词，准系词有表“作为”义的“为、做”2个，表“变化”义的“化为、化成、变为、合为、分为、为”6个，表“称谓”义的“谓、曰、字、号、叫作”5个，表“犹若”义的“犹、如、同”3个，共计21个。（吕叔湘，1982：59-64）

赵元任把“等于、叫、姓、号称、做、当、像”等7个词称为分类动词，另有一个系词“是”，合计8个。（赵元任，1979：315-317）

张静称关系动词为判断动词，只举了“是、叫、算、等于、在于、叫作、像”7例。（张静，1980：103-104）

刘月华等称这类词为关系动词，也只举了“是、叫、姓、当作、成为、像、等于”7例。（刘月华等，2001：154）

笔者也曾对关系动词进行过一些探讨，经计量考察，共筛选出65个关系动词。（张宝林，1997）即：

为　即　乃　系；

是　便是　乃是；

就是　算　算是；

姓　叫　叫做　号称　简称　合称；

变　成　变成　变为　成为　合成　分成　合为　分为　组成　构成　化为　化做；

担任　充当　当　兼　兼任　做　充任　作为　当作　看作　当选；

等于　同　相当（于）；

非；

像　好像　好比　类　似　类似　近似　如同　犹如　如　犹；

演　扮演　改扮　扮装　装　装作　假装　假冒　冒充　充。

把上述各家提到的这类词合在一起，除去重复的，共有 92 个。即：

是　为　即　乃　系　便是　乃是　就是　说是　算　算是　非　匪；

姓　字　号　叫　叫做　叫作　称　号称　简称　合称　谓之　之谓　谓　曰；

变　成　变成　变为　成为　合成　合为　分成　分为　组成　构成　化为　化成　化做；

当（兵、伙计）做（好人、东、官、贼）担任　充当　充任　兼　兼任；

作为　做为　当作　当选；

等于　同　相当（于）；

认　以　以为　看作；

像　像是　好像　好像是　好比　好似　类　似　类似　近似　如同　犹如　如　若　犹；

演　扮演　改扮　扮装　装　装作　假装　假冒　冒充　充；

有　没有　没　无　欠　在　在于；

不是。

我们将在这 92 个词语范围内，对关系动词进行考察。

2. 关系动词的鉴定标准

2.1　关系动词的语义特征

关系动词的语义特征，或称关系动词的语义功能，指关系动词在表达上的作用。这个问题可以从两方面看，一方面是关系动词本身的作用，另一方面是其前后两项之间的关系。关于这两方面，前人有过十分精辟的论述，讲得非常透彻。例如：

马建忠指出：关系动词（马氏称为决词）的作用是“表决断口气也”；“凡动字所以记行也，然有不记行而惟言不动之境者，……”（马建忠，1983：26、177）所谓“决断口气”，我们理解就是肯定、判断，或说认定的作用；所谓“不记行而惟言不动之境”，即不表示动作行为的意思。

黎锦熙指出：同动词“是用来说明事物是什么，或说明事物之种类、性质、形态的”。“同动词的职务，只在结合补足语；这种补足语，和被补足的主语必是同物（此点最需注意）”。（黎锦熙，1992：19、99）这一段话已经包含了“主宾语是同一关系或类属关系”的意思。

王力的解说更为明确：所谓系词，就是担任连接主位和表位的一种词，由系词所构成的一种句子叫做判断句。判断句是用来断定主语所指和谓语所指同属一物，或断定主语所指的人物属于某一性质或种类的。（王力，1985：51）

丁声树等、吕叔湘、赵元任、朱德熙、张静、胡裕树、黄伯荣和廖序东、刘月华等也都持类似的观点[①]。

概括前人的论述，可以得到如下两点认识：

（1）关系动词不表示动作行为，其基本作用是表示肯定或认定。

前人分别指出，关系动词的作用是表示“决断口气”“说明事物”“连接主位和表位”“解释、申辩和分类”“判断”“联系主语和宾语”等。虽然具体说法不同，但却有一个共同之处，就是表示肯定，也可以说是一种主观上的认定。吕叔湘明确指出：“是字的基本作用是表示肯定：联系，判断，强调，都无非是肯定，不过轻点儿重点儿罢了。”（吕叔湘，1979：81）

既然是一种肯定和认定，当然不表示动作，没有任何动作性，也不表示任何发展变化。诚如马建忠所言，这种词是“不记行而惟言不动之境者”，也就是说，它所表达的是一种静止不动、没有发展变化意义上的肯定或认定。例如“他是学生”“那个房间是办公室”等，“是”的作用只是指出其前后两项之间的关系，而

---

① 参见丁声树等《现代汉语语法讲话》第83页，吕叔湘《中国文法要略》第60页，赵元任《汉语口语语法》第315页，朱德熙《语法讲义》第105页，张静《现代汉语》第104页，胡裕树《现代汉语》（重订本）第320页，黄伯荣、廖序东《现代汉语》（增订二版）第14页，刘月华等《实用现代汉语语法》（增订本）第154页。

没有发展变化的意思。

（2）关系动词所连接的前后两项之间是同一关系或类属关系。例如：

① 你这么一个人，竟是大俗人。

② 他是回民。

③《红楼梦》的作者是曹雪芹。

④ 一年的四个季节是春、夏、秋、冬。

①、② 两句是类属关系，③、④ 两句是同一关系。

但是也有一些不同情况，即“主宾之间不是简单的同一或类属的关系”，或者说是一些“不合逻辑的判断句”。（朱德熙，1982：105；王力，1985：118）例如：

⑤ a 我是中文系，他是历史系。

⑥ a 不知他们是什么法子？

⑦ a 我是五尺八。

⑧ a 你们是知识分子的语言，他们是人民大众的语言。

怎样解释这种情况？这种情况的存在是否可以推翻“关系动词所连接的前后两项之间是同一关系或类属关系”的观点呢？其实对这一问题，王力早就做过解释：“有些句子的意义，在逻辑上是讲不通的。除非我们认为说话人的话有所省略，把省略的话补了出来，然后在逻辑上讲得通。这种情形，是由于语言的经济所致。”（王力，1985：118）

如果我们把例⑤～⑧的句子加以补充，那么这些句子就仍然表示的是同一关系或类属关系。

⑤ b 我（的单位）是中文系，他（的单位）是历史系。

⑥ b 不知他们（用的）是什么法子？

⑦ b 我（的身高）是五尺八。

⑧ b 你们（说的）是知识分子的语言，他们（说的）是人民大众的语言。

可见，从语义功能上看，认为“关系动词所连接的前后两项是同一关系或类属关系”是完全正确的。

2.2 关系动词的句法功能

关于句法功能，前人曾指出关系动词的一些重要特点：

（1）关系动词的分布位置是在主语和宾语之间。

马建忠既已指出：决辞“参于起表两词之间。”（马建忠，1983：26）王力也说过：“正式的系词须是具备主格与表词两项，而系词置于两项的中间，如‘张先生是我的朋友’一类的句子。”（王力，1980b：279）

（2）关系动词所连接的可以是体词性成分，也可以是谓词性成分。

王力曾经指出：“系词是在判断句中把名词谓语联系于主语的词。……当谓语不是名词性质的时候，谓语前面的‘是’字也不是系词。”（王力，1980a：347）丁声树等指出：“‘是’后头通常跟着体词。”“是”后的形容词或动词，“要是后头没有‘的’，就是表示‘的确、确实、实在’的意思”。（丁声树等，1979：84）吕叔湘也说过：“‘是’最常见的用法是放在两个名词中间。”（吕叔湘，1979：81）

上述说法虽然正确，但却无法解释下面的语言事实：

⑨ 他这次返乡的目的是为故去的父母扫墓。

⑩ 你在这次比赛中的任务是争取第一，确保第二。

⑪ 政府各级官员的职责是为人民服务。

⑫ 军人的天职是服从。

又如：

⑬ 每天早上六点起床是他多年养成的习惯。

⑭ 尽可能多地消灭敌人的有生力量是这次战役的主要目的。

⑮ 饮茶是他最大的嗜好。

⑯ 学好外语是他多年的愿望。

从上面两组例句来看，“是”所起的作用都是判断、肯定，前后两项之间都是同一关系，因而不能说这些句子中的“是”不是关系动词；但例句⑨～⑫的宾语是动词性成分，例句⑬～⑯的主语是动词性成分。事实表明，认为关系动词只能连接体词性成分的说法是缺乏概括力的。

朱德熙曾指出：“‘是’后边的宾语可以是体词性成分，也可以是谓词性成分。”“宾语是谓词性成分，往往表示对比，‘是’字也读轻声。”（朱德熙，1982：105）刘月华等指出：“能充当‘是’字句的主语和宾语的词语是多种多样的，比一般动词的主宾语要广泛得多，几乎一切实词和一切短语都可以。”（刘月华等，2001：676）

可见“是”的宾语绝不限于体词性词语。从例句⑨～⑫来看，谓词性的宾语也确实都包含着对比的意思，例如例句⑫，“军人的天职”就是“服从”，而不是别的什么。

其实，王力等诸位先生不会否认存在关系动词后面是动词性成分的句子，他们之所以持那样的观点，大概是因为关系动词前后的动词性成分具有引语性质，表示指称意义。但因此就认为关系动词后面的动词性成分是名词性的，还是不够妥当。我们认为还是应该把词语本身具有的基本属性和它们在一定具体环境中的临时性特点区别开来，即关系动词后边完全可以是动词性成分，只不过此时的动词性成分具有引语性质，表示指称意义。

（3）一般不带动态助词“了”“着”“过”。

黎锦熙、王力都曾指出，关系动词“没有动态”“都是没有发生的时间的”“是不涉及时间的”。（黎锦熙，1992：95；王力，1985：51）既然如此，关系动词当然不能带动态助词。但“一般不带”就意味着个别时候、在某些情况下还是可以带的，只不过那样的情况比较少就是了。这里面有等级的差别，即有的可能完全不能带动态助词；有的可能只能带一个，比如“了”；有的也许能带两个甚至三个，比如“了、着、过”。问题是我们怎样掌握这条标准，是完全不能带动态助词的才算关系动词呢？还是能带一个的也算？或者是能带两个或三个的就不算是关系动词？

我们对这一问题的看法是：关系动词一般不能带动态助词，但不排除例外，即在某些特殊情况下，有的关系动词可以有条件地带上动态助词。比如“姓”，对绝大多数人来说，一生只用一个姓；但就某一个人而言，也许会因为认义父、跟养父、随继父、父母离婚等原因而改姓，因而会有“从那时起他就姓了王了”“现在他还姓着王呢”“他从来就没姓过王”之类的句子。此种情况应视为例外，不能因此就认为“姓”不是关系动词，也不能因此认为关系动词可以任意带动态助词。如果一个动词可以不受任何限制地带上动态助词，那就表明它有动态、涉及了时间，因而也就不可能是关系动词了。

（4）一般不用重叠形式。

（5）一般用“不”表示否定。

（6）不能带表幅度或次数的数量词语[①]。也就是说，关系动词后边不能加动量补语，例如可以说“他是北京人，姓王，看起来像学生”，但不能说“他是一回北京人，姓一次王，看起来像一遍学生”。对于关系动词来说，这一条很重要，也是很自然的：因为关系动词只表示肯定、认定，不表示动作，没有动作性，自然也就谈不上动作的幅度与次数问题。

（7）一般不受程度副词修饰。但有例外，除研究者普遍提及的“像”之外，“是”也有前加程度副词的情况。例如“张三是好样的，李四更是好样的。”

（8）可用“v 不 v”的形式提问。

（9）可受能愿动词的修饰。

上述特点中的（7）～（9）是一般动词的语法特点，（1）～（6）是关系动词和一部分其他动词（例如及物动词、能愿动词）的语法特点。

综上所述，我们认为可以作为关系动词鉴定标准的条件有：

（1）关系动词的语义功能是对其前后两个成分之间的同一或类属关系加以肯定或认定；这种肯定或认定没有动作性，是相对静止、没有发展变化的；

（2）一般不带动态助词“了”“着”“过”；

（3）一般不能重叠；

（4）一般用“不”表示否定；

（5）不能带表示幅度或次数的数量词语。

在这 5 条标准当中，第一条语义功能标准是决定性的，凡不符合这条的，即可坚决果断地判定其不是关系动词；后四条是句法功能标准，其中第（5）条具有决定性作用，不符合这一条的，也不是关系动词。

因此，应该把上述5条标准中的（1）、（5）两条作为判定关系动词的必备条件，即必须同时满足这两条标准的动词才有可能是关系动词；同时参考其他 3 条标准。

3. 关系动词的范围

首先需要说明的是，“非”与“匪”、“ 作为”与“做为”、“叫做”与“叫

---

① 赵元任认为分类动词及系词“不带表幅度或次数的自身宾语”，包括“三尺”“一回”等（1979：315、294）。本文不取“自身宾语”的说法，而以“数量词语”代之。

作”，都分别是同一个词的不同写法，应该分别视为一个词。这样并掉 3 个词之后，还剩 89 个词语。

用上面的鉴定标准来衡量，在这 89 个词语中，有 52 个词语可以肯定不是关系动词。即：

a. 演、扮演、改扮、扮装、装、装作、假装、假冒、冒充、充

b. 当、做、担任、充当、充任、兼、兼任、当选

c. 字、号

d. 认、以、以为

e. 有、没有、没、无、在、在于、欠

f. 组成、构成、变、成、变成、变为、成为、合成、分成、合为、分为、化为、化成、化做

g. 不是、便是、乃是、就是、算是、像是、好像是、说是

主要原因是：

a 组“演、扮演”等 10 个动词符合关系动词的语义标准，可以表示一种临时的、虚拟的同一或类属关系；但在句法功能方面与关系动词存在很大距离，它们不但可以加上表示次数的数量词语，如演一次电影、扮演两回关公、装一回好人等；而且可以加动态助词，如演过电影，扮演过张飞，一天演了两场戏，他正在台上演着窦尔敦呢，等等；甚至还可以重叠，如演演戏、装装好人、充充好汉等。所以这类词不是关系动词。

b 组“当、做、担任”等 8 个词与“扮演”类词情况类似，也可以说当一回领导、担任过局长、当选过一回代表等。

c 组“字、号”在语法性质上与“姓”完全不同，“姓”在现代口语中取得了完全的动词身份，而“字、号”只是名词。（赵元任，1979：316）

d 组“认、以、以为”3 个词的含义是“认为”，其使用环境是认敌为友，以史为鉴，我以为你是老师等，表示的是一种主观看法，而不是肯定或认定一种关系，不符合关系动词的语义功能。

e 组“有、没有”等 7 个词不表示同一或类属关系，而是表示存在（或不存在），也不符合关系动词的语义标准。

f 组“组成、变成、成为、分为、化做”等 14 个词，有的不表示主宾语之间的同一或类属关系，如组成、构成；有些则含有动作性，表示发展变化，如变

成、化做、合为、分为等。同时这些词还可以加上动态助词，例如英雄变成了狗熊、传说中一对情侣化做了蝴蝶、一个整体分为了两个部分等。

g组“不是、便是、好像是”等8个短语。有些也不表示同一或类属关系，如“说是”。

排除上述词语之后，可以得到37个关系动词。根据语体，可以把它们分为3类：

（1）口语的5个：是、算、姓、叫、像；

（2）书面的18个：作为（做为）、当作、看作、等于、同、相当(于)、叫做（叫作）、称、号称、简称、合称、好像、好比、好似、类似、近似、如同、犹如；

（3）文言的14个：即、为、乃、系、类、似、如、若、犹、谓之、之谓、谓、曰、非（匪）。

4. 关系动词与句法分析

词类研究的目的是为句法分析服务，即通过词类可以搞清楚句子的结构，得出句子的语义解释。关系动词最常见的用法是用于两个名词性（也可以是动词性）成分之间，对其构成的句法关系有四种看法：（1）主语＋同动词＋补足语；（2）主语＋系词＋表语；（3）主语＋动词＋宾语；（4）主语＋（判断词＋名词→合成谓语）（吕叔湘，1979：81页）。现在一般都采取第（3）种看法，认为关系动词在句法结构上与一般动词没有什么两样，都是构成动宾结构。但是这种看法在语义解释上存在问题：典型的动宾结构的语义解释是动作和受事（陆俭明，2000；袁毓林，1998：235），而关系动词则与之很不相同，是表示其前后两项之间存在同一或类属关系；把语义解释不同的东西都放在动宾这种结构关系当中，使本来就承载着太多语义关系信息的宾语显得更加复杂化了。

其实对母语是汉语的中国人来说，哪种看法都是无所谓的，因为不论怎样解释语句的句法结构关系，都不会妨碍人们对句子的正确理解，人们对句子的语义解释都不会搞错。但对计算机来说，理解句法结构和语义解释不一致的自然语言是很难的。因此，我们可以采取第（2）种看法，把由关系动词参与组成的句子视为“主语 + 系词 + 表语”结构，其语义解释是关系动词表示它所连接的前后两项之间的同一或类属关系，从而把关系动词的句法结构和语义解释统一起来，这对计算机理解自然语言颇为有益。

而且，这种处理方法与英语系词句的句法结构相同，而学生一般来说或多或少都学过一些英语。显而易见，这种处理方法对对外汉语教学同样是十分有益的。

:: 参考文献 ::

丁声树，等 . 现代汉语语法讲话 [M]. 商务印书馆，1979.

胡裕树 . 现代汉语（重订本）[M]. 上海教育出版社，1981.

黄伯荣、廖序东 . 现代汉语（增订二版）[M]. 高等教育出版社，1997.

黎锦熙 . 新著国语文法 [M]. 商务印书馆，1992.

刘月华，等 . 实用现代汉语语法（增订本）[M]. 商务印书馆，2001.

陆俭明 .“对外汉语教学”中的语法教学 [J]. 语言教学与研究，2000(3).

吕叔湘 . 汉语语法分析问题 [M]. 商务印书馆，1979.

———. 中国文法要略 [M]. 商务印书馆，1982.

马建忠 . 马氏文通 [M]. 商务印书馆，1983.

王　力 . 汉语史稿（中册）[M]. 中华书局，1980.

———. 中国文法中的系词 [M]// 龙虫并雕斋文集（第一册）. 中华书局 ,1980.

———. 中国现代语法 [M]. 商务印书馆，1985.

邢福义 . 现代汉语（全一册）[M]. 高等教育出版社，1991.

袁毓林 . 语言的认知研究和计算分析 [M]. 北京大学出版社，1998.

张宝林 . 关系动词的功能、范围与分类 [J]. 语言文化教学研究集刊（第一辑）. 华语教学出版社，1997.

张　静 . 现代汉语 [M]. 上海教育出版社，1980.

赵元任 . 汉语口语语法 [M]. 商务印书馆，1979.

朱德熙 . 语法讲义 [M]. 商务印书馆，1982.

原载《语言教学与研究》2002 年第 4 期

第三章 唯谓形容词的鉴定标准和语法功能

引言

唯谓形容词是汉语形容词中的一个小类。它的数量虽然不多，但在用法上很有特点，是汉语词类研究中的一个重要现象。充分注意并考察这一现象，对于汉语研究和汉语教学，都是很有意义的。

“唯谓形容词”的概念是吕叔湘（1979：39）首先提出的，但吕先生只是指出这类词与非谓形容词是相反的，而未对这一概念做更为详尽的解释。

赵元任（1979：300）曾经指出：“有少数形容词只能，或主要，做谓语。”赵先生所说的这种词显然就是唯谓形容词，只是赵先生把它称作“表述形容词”，与“修饰形容词”相对。

叶长荫（1984）对唯谓形容词进行了比较细致的研究，认为：“唯谓形容词是指那些只能做谓语而不能做定语的形容词。”他列举出 51 个唯谓形容词，并指出了唯谓形容词的一些语法特点。

概括上述意见，可以得到一个基本的认识，即：唯谓形容词的基本性质是做谓语。

在上述学术背景下，本章试图对下列问题进行探讨：

（1）唯谓形容词是不是在任何情况下都绝对不能做定语？在什么情况或条件下可以做定语？这个问题的实质是唯谓形容词的鉴定标准问题。

（2）唯谓形容词的语法功能有哪些？各种功能的覆盖率有多大？

（3）唯谓形容词的数目有多少？可以分为哪些类别？

本文的考察范围是：

（1）《汉语水平词汇与汉字等级大纲》（讨论稿）词汇部分的9060个词中的形容词；

（2）《现代汉语词典》中的部分形容词2862个；

（3）本文所引论著中的形容词67个。

1. 唯谓形容词的鉴定标准及分类

1.1 鉴定标准

形容词的主要功能是做谓语、定语。唯谓形容词的特殊性表现在不能做定语，这一点前人均曾提及。问题在于怎样理解“不能做定语”，理解不同，得出的唯谓形容词的范围肯定不同。一般对做定语的看法是，只要处在名词性成分前起修饰作用的就是定语，至于以何种形式修饰一般不关心，这是最宽泛的定语观。形容词处在名词性成分前无非有下列几种形式：（1）直接修饰，如“漂亮姑娘、正确态度、积极意义”；（2）加助词“的”后修饰，如“美丽的景色、安静的夜晚”；（3）前加程度副词，后加“的”以后修饰，如“很精神的小伙子、很独的人”。判定是否唯谓形容词的关键是上述（2）、（3）两种形式算不算做定语。

本章的鉴定标准为：

A. 能做谓语，但不能以任何形式处在名词性成分前的形容词是典型的唯谓形容词。例如“迟、对、妥、行、准时”等，我们只能说“这个人很行”“这太迟了”，而不能说“行这个人”“迟的事”，也不能说“很行这个人”“太迟的事”。

据我们考察，这种唯谓形容词有31个，其中单音的14个，双音的17个（详见附表一：a 类唯谓形容词）。

B. 能做谓语，同时只能在前加程度副词、后加“的”，即只能在“程度副词~的”格式中做定语修饰名词的形容词，我们认为也应该划归唯谓形容词。例如“独、烦、静、久、广、齐、潮、义气、精神、合算、吃香、稀少”等即是。我们可以说“很独的人”“很潮的发式”“十分义气的朋友”“非常精神的样子”，而不能说“独人”“潮发式”“义气朋友”“精神样子”，也不能说“独的人”“潮的发式”“义气的朋友”“精神的样子”。

这种唯谓形容词，据我们考察，有 37 个，其中单音的 21 个，双音的 16 个（详见附表二：b 类唯谓形容词）。

C. 能做谓语，并能直接或加“的”后处于名词性成分前的形容词都不是唯谓形容词。例如“好、大、先进、幸福、安定、安详、悲伤、昂贵、饱满、充实、迟缓”等，这些都是性质形容词。

D.“多、少”是两个特殊的形容词，虽不能直接或加“的”后修饰名词性成分，但符合标准 B，即前加程度副词，后加“的”（也可以不加，这与其他词不同）以后修饰名词性成分。这两个词也是唯谓形容词。

按照上述标准划出的唯谓形容词，数量很少，只有 70 个，其中单音节的 37 个，双音节的 33 个。

1.2 分类

（1）根据能否处在名词性成分前做定语进行分类。

a. 能做谓语，在任何条件下都不能做定语的；

b. 能做谓语，也可以在“程度副词~的”格式中做定语的，这一类也包括“多、少”。

（2）根据语体，可分三类：

a. 文言语体的：岸然、妥；

b. 书面语体的：分明、集中、稀少、顺利、迅速、准时、是、深长、齐备；

c. 口语语体的：独、烦、抠、冲、背、慌、合算、般配、吃香、差劲儿等 59 个。

2. 唯谓形容词的语法功能

2.1 做谓语是唯谓形容词的基本性质，也是它最主要的语法功能。有人说："唯谓形容词孤立地做谓语是很少的。"（叶长荫，1984）然而，在我们选定的70个唯谓形容词中，能单独做谓语的共有28个，占40%。虽然从比例上看，它们是少数，但已接近一半，并非"很少"。具体情况可分三种：

（1）在主谓谓语句中做小句谓语时可以单独做谓语，有"稀少、深长、敦实、活、集中、顺利、迅速、岸然、分明、灵、准、广、多、少"等14个。我们可以说"这个地方人烟稀少""他这人脑子灵，心眼活，路子广"，等等；

（2）以独词句的形式表达强烈的感情时，可以单独做谓语，有"该、带劲、差劲"等3个；

（3）表示对事物的看法，有后续句时可以单独做谓语，有"不行、不善、成、行、对头、合算、是味儿、投缘、稳、义气、吃香"等11个。例如"这人不善，你小心他点儿""这笔买卖合算，可以做""这人行，听他的没错""这菜是味儿，多吃点儿"，等等。

其余的42个唯谓形容词不能单独做谓语，在做谓语时都带有一些附加成分。例如它们在做谓语时前面都可以有程度副词做它们的状语，如a类的"很迟""很对""非常瓷实""十分准时"，b类的"很独""很精神""非常齐""十分般配"。如果前面的程度副词是"太"，唯谓形容词的后面还可以加上语气助词"了"，如"太迟了""太顺了""太准时了""太久了""太外道了"。

2.2 唯谓形容词不能做定语。（详见前文）

2.3 唯谓形容词中能做状语的共有23个，占唯谓形容词的32.9%。其中a类唯谓形容词有11个，即"迟、瓷实、活、集中、勤、全、顺利、迅速、准时、匀、牢"，占a类词的35.5%；b类唯谓形容词有12个，即"独、僵、静、盛、久、齐、狠、广、紧、稳、多、少"，占b类词的30.8%。

唯谓形容词大多可以单独做状语。做状语时往往具有简洁明快的特点，带有一点儿文言色彩。例如：勤学苦练、齐抓共管、独吃独喝、全攻全守、狠抓质量、集中处理、准时到达、顺利完成、广交朋友、静候佳音、活学活用、僵卧孤村、久治不愈等等。

2.4 唯谓形容词的绝大部分都能做补语，共有 68 个，占全部唯谓形容词的 97.1%。不能做补语的只有 a 类唯谓形容词中的“岸然，深长”2 个，占 2.9%。可见不能做补语的唯谓形容词是很少的。

唯谓形容词做补语的情况比较复杂，有下列三种情况：

（1）做补语时前面必须加程度副词。a 类的有“勤、爱人儿、齐备、稀少、集中”5 个，b 类的有“烦、分明、静、娇气、板、抠、流气、吃香、慌”9 个。合计 14 个。占唯谓形容词的 20%。我们通常说“他最近来得很勤”“小孩子长得很爱人儿”“这种倾向变得非常分明”“院子里变得很静”。而不说“他最近来得勤”“小孩子长得爱人儿”“这种倾向变得分明”“院子里变得静”。这些唯谓形容词所充当的都是情态补语。

（2）有些唯谓形容词虽然也只能做情态补语，但它们做补语可以加程度副词，也可以不加程度副词，完全视表达的需要而定，因而与 A 种情况有所不同。a类有“敦实、可以、顺利、行、迅速、准时、是、对头、成、该、不济、不善、不行”13 个，b 类的有“合算、是味儿、带劲、义气、外道、般配、投缘、背、差劲儿、土气、俗气、洋气”12 个，合计 25 个，占唯谓形容词的 35.7%。我们可以说“这幅字写得可以”“你说得是”“这笔买卖做得合算”“这菜做得是味儿”，也可以说“这幅字写得很可以”“你说得极是”“这笔买卖做得非常合算”“这菜做得真是味儿”。

（3）有些唯谓形容词既可以做情态补语，也可以做结果补语；做情态补语时一般要带程度副词。a 类的有“迟、冲、瓷实、对、活、全、匀、顺、牢、妥、大发”11 个。b 类的有“独、僵、久、精神、齐、散、盛、少、多、松、准、狠、广、潮、紧、陡、稳、灵”18 个，合计 29 个，占唯谓形容词的 41.4%。我们既可以说“来得很迟”“装得很瓷实”“吃得很多”“穿得非常精神”，又可以说“来迟了”“装瓷实点儿”“吃多了”“穿精神些”。

2.5 唯谓形容词绝大部分可以受否定副词“不”修饰，这种词有 66 个，占唯谓形容词的 94.3%。例如我们可以说“不迟、不对、不集中、不顺、不准时、不对头、不牢”，可以说“不独、不烦、不合算、不般配、不齐”，等等。只有 4 个唯谓形容词不能受“不”修饰，又可分为两种情况：（1）词本身是由“不”加其他构词成分组成的，本身已具备否定意义，因而不能再加“不”。这种词有“不济、不行、不善”等3个。（2）词由构词成分“然”加其他成分组成，“然”有“……的样子”之意，我们不能说“不……的样子”，所以前边也不能加“不”。这种词只有“岸然”一个。

3. 结语

以上我们集中探讨了唯谓形容词的鉴定标准和语法功能，统计了这类词的数目，进行了分类，得出了一些初步的结论。我们感到唯谓形容词虽然只有70个，但其使用频度较高，许多词都是十分常用的，因此在汉语教学，特别是对外汉语教学中占有重要地位，应予以充分的重视。

我们认为，教学唯谓形容词可以采取两个基本方法。其一，因为唯谓形容词数量有限，是一个封闭的小类，因此可以采取逐个学、逐个记的分散教学的方法，遇到一个学一个，逐步积累，以至全部掌握。其二，因为唯谓形容词与非谓形容词的基本性质和语法功能互相对立，因此可以与非谓形容词进行对比教学。这样可以使这两小类形容词的特色都更加鲜明，既易于理解，又印象深刻，不仅有利于唯谓形容词的教学，对于非谓形容词的教学也是十分方便的。

:: 参考文献 ::

吕叔湘．汉语语法分析问题[M]. 商务印书馆，1979.
叶长荫．试论能谓形容词[J]. 北方论丛，1984(3).
赵元任．汉语口语语法[M]. 商务印书馆，1979.

附表一：a 类唯谓形容词（31 个）

迟、冲（劲头足，力气大）、瓷实、对、敦实、稀少、活（活泼，不死板）、集中、可以（好、不坏）、勤、全（齐全）、顺、顺利、行（能干）、迅速、准时、爱人儿（可爱）、岸然、不济、不善、不行、是（对）、对头、成（有能力）、深长、齐备、匀、该（理应如此）、牢、妥、大发（过分）

附表二：b 类唯谓形容词（39 个）

独（不合群，不容人）、烦、分明、僵、精神、静、久、合算、般配、齐、慌、是味儿、投缘、带劲、吃香、散（散漫）、盛、松（不严格）、准、狠、广、板（死板、不灵活）、背（不顺）、差劲儿、潮（新潮）、紧、抠、陡、稳、灵、义气、外道（见外）、土气、俗气、洋气、娇气、流气、多、少

原载《词类问题考察》
北京语言学院出版社，1996

第四章　关联副词的范围及其与连词的区分

引言

谈关联副词不能不谈到连词与副词的界限问题。这一问题由来已久，一向是人们十分关注、议论较多的问题之一。例如赵元任曾经指出："'假如'和'就'类似连词，可是占据副词的位置。"（赵元任，1979：350）吕叔湘更加明确地指出："连词……要跟有关联作用的副词（又、越、就、才等）划界……"。（吕叔湘，1979：45）史有为在总结了前人的看法之后说："连词和介词的界限，连词和副词的界限，的确是连词的两大问题。""至于连词和副词的分界，更不容易确定了。"（史有为，1992：50、52）

所谓连词与副词的界限问题指的是连词与"有关联作用的副词"（赵元任称之为"关联副词"）的划界问题。至于究竟有哪些副词是有关联作用的副词，尚未有人逐一指出过。

本文试图探讨关联副词的范围、连词和关联副词搭界的原因、区分连词和关联副词的方法等问题。

本文的研究方法是，首先根据前人的研究成果，在限定范围内找出一个最大范围的考察关联副词的词表，然后运用一定的区分方法，筛掉那些不是关联副词的词，确定关联副词的范围。

1. 考察关联副词的最大范围

我们从国家汉语水平考试委员会办公室考试中心研制的《汉语水平词汇与汉字等级大纲》、王还主编《汉英虚词词典》、景士俊《现代汉语虚词》等三部书中把起关联作用的副词全部挑出来，确定了本文的最大考察范围共89个词。

这89个词分别是（这里是总括三部书的看法，并非三部书对每个词的看法都相同）：

（1）副词39个：诚然、独、还、一旦、都、幸亏、幸好、幸而、好在、才、倒、反倒、反而、方才、好、却、其实、然后、随后、随即、同时、再、再不、当然、忽、忽而、愈、时而、一时、有时、也、也许、或许、又、惟独、从中、一头、不免、另外；

（2）连词19个：一经、难怪、宁肯、宁可、宁愿、并且、所以、从而、进而、甚而、甚至于、甚而至于、无奈、一边（……一边）、不如、不过、不单、不光、接着；

（3）兼属副词和连词的词21个：或者、甚至、则、便、不仅、不止、但、果然、果真、还是、或、尽管、且、任、惟有、要、只管、只是、只有、自然、至于；

（4）兼属副词和介词的词1个：随着；

（5）兼属副词、连词和介词的词5个：并、就、可、同、随；

（6）兼属副词、连词和助词的词1个：就是；

（7）单用时为副词，连用时为连词的词1个：越；

（8）组合2个：怪不得、怨不得。

2. 副词与连词搭界的原因

如果只从概念出发，副词的基本用途是修饰动词、形容词，连词的作用是连接。（胡裕树，1979：300、304）前者起修饰作用，后者起连接作用，二者功能各异，界限分明，似乎不应存在搭界问题。然而事实却并非如此，副词与连词之间不但存在搭界问题，而且几乎还没有什么切实可行的办法能把二者截然分开。

造成这种情况的原因之一是有些副词也有连接作用，而“汉语的连词大部分是从副词演变而来的，它们带有明显的修饰意味，并不仅仅起连接作用”。（史有为，1992：60）这样一来，副词与连词的作用就出现了交叉。例如：

①有了清官，才能有清水。

②世界语不仅我不会，他也不懂。

③一品红既然有这么许多好处，它就更加令人喜爱了。

“才”“也”都是副词，在①、②两例中却分明起连接作用，“既然”是连词，既连接前后分句，又含有既成事实的修饰意味。

原因之二是有些连词必须和副词搭配使用，才能表明句子之间的关系，或者句子才通顺。这种场合中的副词，其连接作用十分突出，与连词颇为接近，这就进一步增加了划界的困难。例如：

④即使大力士也不一定能拿得起来。

⑤假如是个大胖子还真钻不进去。

⑥无论谁都得出节目。

上述各句中加“.”的是连词，加“﹏”的是副词，在句中都是搭配使用的。

原因之三是有些词由于义项的不同，有时是副词，有时又是连词，这也在一定程度上使二者的划界问题复杂化了。例如：

⑦ a. 这里距昭君墓只不过有十几华里远。

b. 其实也是在“梦中贴标语，喊口号”，不过不是积极的罢了，而且有些也许倒和表面的“标语”正相反。

⑧ a. 明天就发薪水了，有了钱先给阿珍寄一点儿去。

b. 明天你就给我发薪水，我也不干了。

⑨ a. 那两个爬墙的人，我看见，似乎不是学生，我想他们或者得了兵的允许而下去了。

b. 女人臂弯钩着篮子，或者一手牵着孩子。

上面各组例句中加点的词在 a 句中是副词，在 b 句中是连词；在 a、b 句中的义项均不相同。

由于上述三种原因的存在，造成了副词与连词划界的困难。

3. 区分副词与连词的方法

3.1 根据位置区分

从出现的位置上区分连词和副词是一种比较通行的方法，吕叔湘、赵元任都曾这样做过。吕叔湘认为："可以出现在主语前边，也可以出现在主语后边的是连词，如虽然、如果等；不能出现在主语前边（指没有停顿的），只能出现在主语后边的是副词，如又、越、就、才等。"（吕叔湘，1979：45）赵元任的看法是："如果一个表示句和句（小句和小句）之间的关系的词不能搁在主语之后，必须搁在主语之前，那也就必须承认它是连词。"（赵元任，1979：350）吕叔湘认为连词可在主语前后，赵元任则认为必在主语之前，仅从表面看来，他们的看法似乎很不相同。深入分析一下则可以发现，在吕叔湘的话里，在主语之后实际上是连词与副词的相同之处，在主语之前才是连词与副词的不同点，这与赵元任的观点在本质上是相同的。

而且赵元任还曾指出过："（虽然、因为、假如等）搁在主语之前或之后通常看这两个小句的主语相同还是不同。"（赵元任，1979：68）即"前后分句主语相同，就放在主语之后，分句主语不同，就放在主语之前"（陆俭明，1985：228）。显然，赵先生并非没有注意到这种既能在主语之前，又能在主语之后的词，应该说，他的分析更为细致一些，把连词分成了必在主语之前和可在主语前后两种情况。

史有为在评论吕叔湘的区分方法时说，用"能出现在主语前""来区别连词和副词存在着一些困难"。其主要原因是：（1）"汉语的状语可以放在动词、形容词性词语前修饰，也可以放在主语前修饰整个主谓结构"，"而公认的连词也可以时而在主语前，时而在主语后出现"；（2）"有些公认的连词是永远不在主语前出现的"，如"虽""既""尚且"；（3）"还有些公认的连词在一定的句型中也绝不能放在主语前面"；（4）"而有些过去认为是副词的，虽然不在主语前出现，但它们

在某一义项下，永远只出现于关联场合，这就很难认为它们不是连词。”（史有为，1992：60）（例句见下文）

陆俭明则批评过与赵元任的观点类似的说法，指出：“不论前后分句的主语相同与否，前置连词出现在主语前还是出现在主语后，绝大多数是两可的。”“后置连词基本上都是放在主语前头。”（按照陆先生的观点，“凡用于从句中的是前置连词，凡用于主句中的是后置连词”。）“以上情况表明，就表示主从关系的连词来说，它们连接分句时，是放在主语前还是放在主语后，跟前后分句的主语是否相同这一点没什么关系。”（陆俭明，1985：222、225、227）

如此看来，吕、赵两位的观点似乎都很成问题，根据位置来区分连词和副词的方法好像是行不通的了。

我们认为，史有为的看法不无道理，然而却还不够充分。因为：

（1）做状语的副词虽然可以在动词、形容词或主语前出现，但是它们可以出现在非关联场合，而且后边可以有停顿，史文中所举的例子就是很好的佐证（渐渐地，天色暗了下来。/ 我又肚子疼了）。连词则不论用于主语之前还是之后，都必须出现在关联场合，而且一般不能停顿（确切地说，是前置连词不能停顿，后置连词有些可以停顿）。

（2）“虽”“既”确是连词，它们也确实“永远不在主语前出现”，但原因在于它们都是文言词语，如果把它们译为相应的现代汉语词语“虽然”“既然”，就完全可以出现在主语之前了；因此可将它们作为特例处理。“尚且”的意义和用法相当于“都”，应当划入副词。

（3）有些连词“在一定的句型中”不能放在主语前，原因并不在连词本身，而恰恰是特定的句型造成的；如果改换一种句型，这些连词也就可以在主语前出现。史文中的例句是“这种衣服不但美观大方，而且十分便宜”，而在“不但这种衣服便宜，那种衣服也便宜”这样的句子里，连词就完全可以出现在主语之前了。

（4）史有为所说“在某一义项下只能出现于关联场合的副词”，指的是这样一些情况：

“他总是又说又笑的。

我们边走边谈吧。

我们是随做随吃。

黄山既高且奇

你越说越不像话了。"(史有为，1992：50、52)

对于这种词，我们可以有两种处理方法：a.如史文所言，索性将其划入连词，因为词性本来就是按义项划分的，一个词兼属两个词类的现象是正常的；b.仍然将其视为副词，因为"有关联作用的副词"从道理上讲是完全有资格出现在关联场合的，只要它不在主语前出现，也就不会影响吕叔湘提出的划分方法。考虑到它们连接的只能是动词和形容词，而不能连接名词和句子，又只能用于主语之后，所以把它们看作关联副词的连锁格式，而不视为连词。

陆俭明的观点可以理解为是对吕、赵观点的细化和补充说明，因为吕、赵的观点都有点儿"一刀切"，失之于片面和绝对。从陆俭明的话里可以知道，"可以出现在主语前边，也可以出现在主语后边的"并非连词的全部，而只是"前置连词"的绝大部分，如"虽然、尽管、即使、如果、无论、只要、既然、因为、除非"等等；"必须搁在主语之前的"也非全部连词，而只是"后置连词"，如"但是、不过、而、否则、不然、可见、因此、以便"等等。这两种情况都只与连词的再分类（前置连词/后置连词）有关，而与分句主语是否相同无关。只有一小部分连词出现的位置取决于分句主语是否相同，如"或者、还是、与其、不但、不仅"等即是。（陆俭明，1985：第4节）

因此，根据出现的位置来区分连词和副词的方法并非无效，只是要考虑到连词本身的再分类——前置的还是后置的。这样我们就可以根据连词只能在主语之前（后置连词）和既能在主语之前又能在主语之后（前置连词）的事实，把连词与只能在主语之后的关键副词区分开来。

用这一标准来考察我们在第1部分中得到的89个词，其结果是：

（1）用于主语之前或既可用于主语之前又可用于主语之后的连词26个：怪不得、怨不得、惟有、难怪、幸亏、幸而、幸好、好在、一旦、所以、不如、无奈、要、只有、就是、从而、并且、进而、甚至、甚至于、甚而、甚而至于、则、同、然后、任（"同、任"又是介词）。

（2）一般只用于主语之后（有些在有停顿的情况下也可用于主语之前）的关联副词38个：其实、果然、果真、诚然、还、都、才、一经、宁可、宁肯、宁愿、倒、反倒、反而、好、却、随后、随即、随、惟独、再、再不、也、当然、同时、便、另外、只管、自然、忽、忽而、时而、一时、有时、一边、又、愈、越（其中“随、又、越、愈、时而、一时、有时、一边、忽、忽而”等10个词多以两两连用的形式出现，这时就构成关联副词的连锁形式）。

（3）因义项不同，可分别是关联副词和连词的7个：尽管、就、只是、不光、不单、不仅、还是。

（4）其他副词7个：从中、方才、不免、独、一头、也许、或许。

（5）因义项不同，有时是其他副词，有时是连词的7个：不过、可、但、并、且、或、或者。

（6）动词1个：接着。

（7）介词2个：至于、随着。

（8）短语1个：不止。

如此看来，在89个词中纯粹的关联副词有38个，加上兼属连词的7个，共有关联副词45个。

3.2 根据义项区分

这种方法适用于区分那些由于义项不同，因而词性也不同的词。下面举例说明。

不光：①不止，表示超出某个数目或范围；②不但，用于递进复句的前半句。前一个义项是副词，后一个义项是连词。

a1 报名参加的不光是他一个人，还有很多人。

a2 这部片子，他不光看过一次，而是看过三次。

b1 这里不光出煤，而且出铁。

b2 学习外语不光允许而且要求开口练习。

“不光”在a组句子中表示超出某个数目或范围，是副词；在b组句子中表示递进关系，是连词。

只是：①强调限于某种动作，有“不过是”“仅仅是”的意思；②表示轻微的转折。前一个义项是副词，后一个义项是连词。

a1 那男职员不说肯，也不说不肯，只是嘻开着嘴笑。

a2 我只是随便看看，没什么要紧事儿。

b1 黑凤何尝不想多找一个帮手？只是她并没找到一个闲人。

b2 其实车皮不是没有，只是少罢了。

“只是”在a组句中表示范围，是副词；在b组句中表示转折，是连词。

可：①表示强调；②表示转折。前者是副词，后者是连词。

a1 这个人可不讲理了！

a2 他可会说话了！

b1 我第一个就告诉了他，可他不信，非自己去看看不可。

b2 大家对你抱着很大希望。可你扔下工作做小买卖去了。

“可”在a组句中强调程度，是副词；在b组句中表示转折，是连词。

在上述两种区分方法中，根据位置来区分副词和连词是最基本的方法，根据义项区分是辅助性的方法。

4. 运用各种区分方法的基本前提

在3.1中我们根据词语出现的位置把89个词分别归入了连词、副词、关联副词、兼属副词和连词等几类，其中有些词的归类与一般传统的归类结果有较大的出入。例如“一旦、幸亏、幸而、幸好、好在”等词，一般认为是副词，本文把它们划入了连词；“可宁、宁肯、宁愿”等词一般认为是连词，本文认为它们是副词。

我们这样做固然是根据词语出现的位置，同时也考虑到连词的基本作用，即“连词是必须起连接作用的词”，“必须在关联场合下出现”。（史有为，1992：73、65）我们认为所谓的“关联场合”是指连词具有预示衔接功能，它们不能单说，而是必须与前面的句子相呼应，或者必须有后续句；前后语句的省略当然是可以的，包括承前省和蒙后省，但在一定语境中必须能够补出。我们认为同时考虑到关联场合与词语出现的位置，才是区分连词与副词的最佳方法。如果一个词在关联场合中只能出现于主语之前，或既可以出现在主语之前又能出现在主语之后，那它就是连词；如果一个词在关联场合中只能出现于主语之后，那它就是关联副词；如果一个词在非关联场合出现，完全不起连接的作用，那它可能是关联副词以外的其他副词，也可能是副词与连词之外的其他类词了。

用这样的观点来看，“一旦、幸亏、好在”等五个词都可以出现在关联场合，除“好在”必须出现在主语前边之外，其他四个词都既可以用于主语前又可以用于主语后。例如：

①a 一旦官军越过洛南继续前进，他就率一支精兵出金盆坡或通洛川，奇袭潼关城。

①b 他一旦大干起来，就会带动许多人都跟着干起来，大局就马上重新热闹起来了。

②a 幸亏我们在这里，要不，这小家伙就完了。

②b 我们幸亏走这条路，才没有碰上老虎。

③a 小二黑自己没有错，当然不承认，嘴硬到底，兴旺就下命令说，把他捆起来交政权机关处理。幸而村长脑筋清楚，劝兴旺说……

③b 今天他幸而及时赶到，不然我们的会议就得延期一天。

④a 昨天逛商店，有一件大衣非常中意，幸好我带的钱不少，就把它买下了。

④b 上午进城赶上雨了，我幸好带着雨伞，才没有挨淋。

⑤ 好，我这就跟你去罢，好在我们衣服没有打湿，不必换它了。

在①～④例中，加“__”的词在a句中用于主语之前，在b句中用于主语之后；在例⑤中加点的词出现在主语之前。它们都用于关联场合，分别起假设、条件、因果等连接作用，因此它们都是连词。

“宁可、宁肯、宁愿”等三个词虽然也用于关联场合，但它们只能用于主语之后，所以应该把它们视为关联副词。例如：

⑥ 瑞宣还不想和老二费什么唇舌，他宁可独立支持一家人的生活，也不愿再和老二多罗嗦。

⑦ 他的住所离学校几十里，他宁肯起大早少睡点去乘坐公共汽车，也不坐出租车。

⑧ 他们宁愿去死，也不愿受这个污辱！

有些论著认为这三个词是连词，其原因也许是认为在下列例句中，它们可以用在主语之前：

⑨a 宁可我多干点，也不能累着你。

⑩a 宁愿我挨批评，也不能让你受委屈。

⑪a 宁愿我吃亏，也不能让你吃亏。

在这三个例句中，如果只从形式上看，好像“宁可”等词用在主语之前了；可从语义上看，这三句在“宁可”“宁肯”“宁愿”之前，实际上是省略了主语，我们完全可以把省略的主语补充出来，三个句子就变成了：

⑨ b 我宁可（自己）多干点，也不能累着你。

⑩ b 我宁肯（自己）挨批评，也不能让你受委屈。

⑪ b 我宁愿（自己）吃亏，也不能让你吃亏。

这样一来，我们就可以清楚地看到，这些词实际上还是用于主语之后的，只是因为在这三句子中主语“我”指说话人自己，为了使语言简洁起见，才把主语省略掉了。假如主语不是说话人自己，那么前面的主语就不能省略，例如：

⑫ 他宁可（让）我累死，也不会让你干这种活。

⑬ 他宁肯（让）我挨打，也不愿让你受委屈。

⑭ 他宁愿（让）我吃亏，也不愿让你吃亏。

可见“宁可”等三个词应当视为关联副词。

其实，不仅运用位置区分法要考虑到词是否出现在关联场合的问题，根据义项区分连词与副词也要充分注意这一问题。对 3.2 中的“可”，我们不仅可以从义项上区分它的两种不同用法，在 a 组句中是副词，在 b 组句中是连词；也还可以从 b 组句中的“可”用于关联场合，推知它是连词或关联副词，再从出现的位置上确认它是连词。而 a 组句中的“可”用于非关联场合，由此可以断定它既非连词，也非关联副词，而是其他副词——程度副词。

∷ 参考文献 ∷

胡裕树，主编 . 现代汉语（修订本）[M]. 上海教育出版社，1979.

陆俭明 . 现代汉语虚词散论 [M]. 北京大学出版社，1985.

吕叔湘 . 汉语语法分析问题 [M]. 商务印书馆，1979.

史有为 . 呼唤柔性——汉语语法探异 [M]. 海南出版社，1992.

赵元任 . 汉语口语语法 [M]. 商务印书馆，1979.

原载《词类问题考察》

北京语言学院出版社，1996

第五章　连词的再分类

1. 连词分类研究综述

连词的分类问题比较复杂，前人根据不同的标准对连词做了多种不同的分类。概括起来可以分为以下两种情况：

1.1　单一标准分类

例如马建忠（1983：227-322）根据在句中所起的作用，把“连字”分为提起连字、承接连字、连捩连字、推展或推拓连字等四种；黎锦熙（1992：198-227）首先把复句分成两大类十个小类，然后把用于各小类复句中的连词分别命名为平列连词、选择连词、承接连词、转折连词、时间连词、原因连词、假设连词、范围连词、让步连词、比较连词等十种；吕叔湘（1980：22）等根据连词在句中的使用情况将其分为三类：可以合用也可以单用的，可以合用也可以单用后一个的，一般要合用的；朱德熙（1982：217）根据出现的位置把连词分为λ_a（只能出现在S_1里）和λ_b（只能出现在S_2里）两类；史有为（1982：67）也是根据位置把连词分为前段连词、后段连词、前后段连词等三类。

1.2 综合标准分类

例如胡裕树（1979：304~305）根据连词连接的成分和表示的关系，把连词分为连接词或词组表示联合关系的、连接词或词组表示偏正关系的、连接分句表示联合关系的、连接分句表示偏正关系的等四种；人民教育出版社（1984）先根据连接的单位把连词分为主要连接词或短语和主要连接分句或句子的两类，又根据表示的关系分为表示并列、选择、递进、转折、因果、条件、假设关系的等七种；陆俭明（1985：212-218）首先根据意义把连词分为表示联合关系和表示主从关系的两大类，在表示主从关系的连词中又根据表示的关系把它们分为表示让步转折关系、表示假设让步转折关系、表示假设结果关系、表示条件结果关系、表示推论结果关系、表示因果关系、表示目的关系等七类，再根据在句中所处的位置将其分为前置连词和后置连词两个小类。

此外，赵元任（1979：351-353）把连词分成四类：介词性连词、具有超句子用法的连词、成套的连词、由弱化了的主句演化成的连词。

本文拟在前人研究的基础上，首先对连词的范围进行考察，然后对考察得出的连词进行分类。

2. 连词的范围

前人的研究指出："现代汉语中的连词，总共有120个左右，常用的有90个左右。"（陆俭明，1985：212）我们查阅了若干论著，发现在数字上均接近120个。例如《汉语水平词汇与汉字等级大纲》共收连词81个，连词与他类词兼类的词25个，合计106个（国家对外汉语教学领导小组办公室汉语水平考试部，1992）；王还（1992）主编《汉英虚词词典》共收虚词971个，其中有连词147个；景士俊（1980）《现代汉语虚词》共收虚词492个；其中有连词、连词与他类词兼类的词等合计112个；史有为（1982：66）在其论文《汉语连词的功能、界限和位置》中，认为连词共有112个。但是当我们对上述论著中的连词逐一进行考察时却发现，虽然各家所说的连词数目相近，然而其中所包括的连词却不尽相同。我们把各家所收的连词归并整理之后，得到的实际数字是211个，大大超过了120个的范围。

吕叔湘（1979：45）曾经指出："连词也有范围问题，一方面要跟有关联作用的副词（又、越、就、才等）划界，另一方面要跟有关联作用的短语（一方面、总而言之等）划界。"史有为（1982：50）也曾指出："连词和介词的界限，连词和副词的界限，的确是连词的两大问题。"根据前人的论述，我们有理由认为，在上述211个词中包含了许多并非连词的词，它们有可能是有关联作用的副词或短语，也有可能是介词，当然还有可能是其他类词。

我们认为，连词的基本特征有两点，一是必须出现于关联场合，二是可以用于主语前后或只能用于主语之前。用这样的标准来检验前面得到的211个词，其中包括：

副词34个：边（……边……）、不免、从中、此后、此外、当然、反之、固、固然、果然、果真、好（"便于"的意思）、另外、宁、宁可、宁肯、宁愿、其实、且、尚且、随（……随……）、时而（……时而……）、同样、惟独、相反、一经、一边（……一边……）、一壁（……一壁……）、一面（……一面……）、又（……又……）、越（……越……）、愈（……愈……）、只管、自然（除"不免、从中"外，其他32个都是关联副词。以两两连用形式出现的是关联副词的连锁格式）；

介词7个：至于、管、比如、例如、譬如、比方、比方说；

助词2个：也好、也罢；

代词4个：这、这样、那、那么；

动词4个：加以、接着、跟着、假设；

名词1个：结果；

短语8个：不单是、不仅仅、不止、而是、或是、要不是、一方面、一会儿；

连词兼他类词的22个：跟、同、和、与、任、以、凭、任凭（以上兼介词）、并、便、不过、不光、尽管、就、就是、可、要、只有、只是（以上兼副词）、难怪、再说、不如（以上兼动词）；

连词129个：按说、别管（"无论"的意思）、别看、别说、并且、不仅、不单、不独*、不特★、不过、不只、不但、不论、不管、不然、从此、从而、除非、但、但是、但凡*、等到、而$_1$（并列）、而$_2$（转折）、而且、而况★、否则、非但*、怪不得、故*、好在、还是（……还是……）、何况、或则★（……或则……）、或（……或……）、或者（……或者……）、及、即便、即使、即或★、即令★、假若、假使、假如、既、既然、就算、就令★、就使★、进而、可见、可是、况且、连同、慢说、免得、哪怕、乃至、然★、然而、然后、如、如果、如若★、若*、若是*、若非*、岂但★、其所以、省得、甚而★、甚而至于★、甚或★、甚或至于★、甚且至于★、甚至、甚至于、设若*、虽*、虽然、虽说、虽则*、虽说是、所以、倘★、倘或*、倘若*、倘如★、倘使★、万一、惟其、惟有、无奈、毋宁★、无论、幸而、幸好、幸亏、要不、要不然、要么（……要么……）、要是、以便、以免、以致、以至、以至于、以及、一来、二来、一则、二则、因、因此、因为、因而、由于、于是、于是乎*、与其、则★、只要、之所以、转而、总之、纵★、纵然*、纵令★、纵使★。

通过检验，我们在 211 个词中得到连词 129 个，连词与他类词的兼类词 22 个，合计 151 个。与前人所说的连词数量相比，这一数目仍然偏多。造成这一状况的原因有两点，其一是本文所收连词范围较广，收入了一些使用率很低的连词，其中有些连词很少使用，例如“不独、非但、虽、若、若非、倘若、于是乎”等，共计 14 个（前面连词右上角加“*”者即是）；有些连词则基本不用，例如“不特、而况、或则、即或、即令、就令、就使、甚或、甚且至于”等，共计 23 个（前面连词右上角加“★”者即是），甚至有些连词连虚词词典都未收入，例如“不特、就令、就使”等词《汉英虚词词典》就没有收入。把这 37 个不常用的连词计入连词总数，特别是收入了那些基本不用的连词，自然会使连词范围扩大。其二是某些连词是另一连词的不同形式，应当视为一个词。例如“既”是“既然”的不同形式，“然”是“然而”的不同形式，“于是乎”是“于是”的不同形式，可以说“既然、然而、于是”是常式，而“既、然、于是乎”则是变式。又如“虽然、之所以、怪不得、如果、虽说、要不、以至”等是常式，“虽、其所以、怨不得、如、虽说是、要不然、以至于”等分别是它们的变式；“甚至”是常式，“甚至于、甚而至于、甚或至于、甚且至于”等是它的变式。所谓“常式”是常见常用的形式，而“变式”则是比较少见少用的形式，我们完全可以把变式与常式合而为一，把它们看成一个词。如此则应从 151 个词中减去 14 个变式连词，连词总数降为 137 个。

本文将对这 137 个连词进行分类。

3. 连词的分类

3.1 分类的标准及依据

运用单一标准分类十分简便，如果能用某一个标准对连词进行既符合各种连词的自身特点，又具有实际使用价值的分类，当然十分理想。然而，在前面“综述”一节里所谈到的各种单一标准分类法中，还没有一种分法具有这样理想的效果。根据意义分类的主观性太强，各种连词在句中表示的关系需要意会，很难言传，而且缺乏形式上的印证与配合，因此可操作性不强，对外国留学生来说尤难把握。根据位置分类，注意到从形式上去划分连词，本来对外国人学习汉语有一定的方便之处，特别是非常适合于计算机的自然语言处理，然而这种方法又缺乏必要的语义解释。我们固然可以说某个连词是前段连词，某个连词是后段连词，但外国人却难于理解这些连词为什么用在前边的句子中，那些连词又为什么用在后边的句子里，因而也会造成学习上的困难。既然单一标准不能有效地解决问题，我们就不得不考虑采用综合标准进行分类。

我们认为，对连词的分类应当充分考虑到两个因素:（1）便于对句子进行句法分析;（2）有利于汉语教学，特别是对外汉语教学。因此应当从意义和形式两个方面对连词进行分类，即首先指出连词所表示的意义及结构关系，然后再从其所连接的成分和出现的位置上把握连词的句法形式。如此分类，既可以为理解各类连词的功能及特点提供必要的语义信息，又能为从形式上分别不同连词提供客观的尺度，对于汉语教学及句法分析都是比较方便的。

为了论述简便，我们把连词放在一个最简单、最单纯的语言环境中进行考察，即在由两个分句组成的复句中来考察连词的分类情况。对于那些兼属他类词的连词，则只考虑其连词的用法。

3.2 具体分类

（1）根据表示的关系的不同，首先把连词分为联合连词和偏正连词两大类。联合连词是用来表示并列、承接、递进、选择等关系的连词，如“和、同、与、跟、并、一来……二来……、于是、从此、不但、而且、与其、不如、要么（……要么……）”等，共计52个。其中包括表示并列关系的连词13个，表示承接关系的8个，表示递进关系的22个，表示选择关系的9个。偏正连词是表示因果、转折、条件、假设、让步、目的等关系的连词，如“因为、所以、虽然、但是、只要、无论、如果、即使、以便”等，共计85个。其中有表示因果关系的连词14个，表示转折关系的17个，表示条件关系的17个，表示假设关系的17个，表示让步关系的15个，表示目的关系的5个。（详见附表：连词分类表。）

我们把连词分为联合连词与偏正连词，主要是因为这样分类有助于句法分析，偏正连词所连接的单位可以理解为一个状语，联合连词所连接的单位则不能如此理解。

（2）根据连接的语言单位的不同，可以把连词分为连接词与短语的和连接分句与句子的两类。前者只有“和、同、与、跟、而、并、及、以及、连同”9个，后者如“与其、不如、于是、要不、不过、只要、不论”等，共有128个。

连接分句和句子的连词又分两种情况，一种是只能连接分句的，如“一来、二来、从而、转而、不但、甚至、与其、不如、虽然、只要、如果、即使”等，共有103个；另一种则既可以连接分句，又可以连接句子，甚至还可以连接段落，如“于是、总之、而且、再说、因此、但是、否则、可、不过”等，共有25个。对于这种连词，赵元任（1979：351）称之为“连词的超句子的用法”，史有为（1982：68）则称之为“超句子连词”。这两种叫法都有道理，也都可以成立，但从突出这种连词可以超出句子范围使用的特点出发，我们认为称作“超句子连词”为好，甚至还可以称作“篇章连词”。

（3）对于那些连接分句和句子的连词，根据出现的位置，又可以分为前句连词、后句连词、前后句连词等三种，前句连词指以用于前一分句为常式的连词，如“一来、不但、与其、因为、虽然、无论”等，共有77个。后句连词则指以用于后一分句为常式的连词，如“二来、而且、所以、但是、不过”等，共有 46 个。前后句连词指常常重复使用，同时用于前句和后句的连词，有“要么（……要么……）、或者（……或者……）”等 5 个。“超句子连词”都是后句连词。

我们把连词分为前句连词、后句连词、前后句连词的原因是，我们认为一个连词在复句中的用法有常式与变式之分，常式是一般常见常用的形式，变式则是比较而言不大常见常用的形式。某些后句连词虽然也可以用于前面的分句，但这种用法只是它们的变式，它们的常式则是用于后一分句中；相反，有些连词虽可用于后一分句，但却又是以用于前一分句为常式的。例如：

常式：	变式：
①不光你去，我们都去。	< = > 我们都去，不光你去。
②只要努力，你一定能学好外语。	< = > 你一定能学好外语，只要（你）努力。
③如果他不来（的话），我可以去找他。	< = > 我可以去找他，如果他不来的话。
④因为今天下雨，我们不去长城了。	< = > 我们不去长城了，因为今天下雨。

这样划分的优点之一是，它有利于对外汉语教学，便于留学生从形式上把握汉语连词的用法；另外，也为计算机的自然语言理解提供了一些方便。

4. 余论

4.1 连词与关联副词

在第 2 部分中，我们把“或（……或……）、或者（……或者……）、或则（……或则……）、还是（……还是……）、要么（……要么……）”等词视为连词，而把“边（……边……）、时而（……时而……）、随（……随……）、一边（……一边……）、一壁（……一壁……）、一面（……一面……）、又（……又……）、越（……越……）、愈（……愈……）”等词看作关联副词。这两组词都以两两连用的形式出现，都用于关联场合，起连接的作用。从它们的形式和所起的作用上看，似乎应该而且可以作同一类词处理，即把它们看作连词。事实上的确存在连词与关联副词的划界问题，对这一问题笔者在另一篇文章（《关联副词的范围及其与连词的区分》）中有详细论述。

4.2　连词与动词

"考察汉语的发展历史，可以看到，虚词一般是由实词发展变化而来。"（刘坚等，1992：198）一些连词就是由动词变化而来的。这又可以分为两种情况：

（1）动词由于本身词义虚化而变为连词。例如"别管、别说、别看"等词，最初应是动词（或动词短语），表示禁止或劝阻别人的某种动作行为，用以构成祈使句。如"别管他！""别说这件事。""别看眼前，要看将来。"后来又用来表示假设，原来的意思逐渐虚化，"别管"产生了"不管、无论"的意义和用法，"别说"产生了"某种情况不言自明，不必说"的意思，"别看"产生了在复句的前一分句中指出人或物的某种表面现象，而重点在第二分句的用法，从而变成了连词。例如：

① 别管杨小东说什么，吕志民从来不带翻脸的。

② 在这上头，别说陈万利比不上，就是何应元也输了一等。

③ 别看这老同志年纪大，干劲可真不小。

"慢说、按说"等词也属于这种情况。

与此相反，"接着、跟着"等词虽也可用于关联场合，起连接作用，但这时它们作为动词的意义并没有虚化，所以我们认为它们不是连词，而仍然是动词。

"省得"的"得"最初也是动词，表示"得到、获得"的意思，在近代汉语中产生了动态助词的用法，表示动作的持续或完成，相当于"了"。例如：

④ 徐弦听得这诗，大服太祖志量。

⑤ 牡丹枉用三春力，开得方知不是春。

"得"的这种动态助词的用法今天在湘方言、吴方言，以及一些戏词和评书中仍然存在（刘坚等，1992：70、71）。我们认为，“省得”一词中的“得”也可以作这样的理解，即把它看作动态助词“了”，而整个词所表示的“以免、避免”的意思则是由“省”来体现的。例如：

⑥ 快告诉我吧，省得我着急。

⑦ 前些日子，他没法不早回来，为是省得虎妞吵嚷着跟他闹。

⑧ 好！没有儿好！省得操心着急的。

“免得”的情况与此相同。

（2）动词加文言虚词而组成的词。例如“进、转、从”本身都是动词，与文言连词“而”组合后词义虚化，变成了连词。“转而、从而”是表示承接关系的连词，“进而”是表示递进关系的连词。

在“以至、以致、乃至”等连词中，“以”是文言介词，“乃”是文言副词，“至、致”都是动词，组合成连词后，“乃至”是表示递进关系的连词；“以至、以致”是表示结果或目的关系的连词。

现代汉语中含有一些文言成分，现代汉语语法中应该包括文言语法一章，上面这些动词与文言虚词组成的连词就应当放入文言语法。在目前现代汉语中的文言语法尚未另立专章的情况下，只能暂时和其他连词放在一起。

“与其、毋宁、于是、于是乎、不然”等连词也属于现代汉语中的文言形式。

4.3 其他关联词语

在现代汉语中可以用于关联场合、起连接作用的语言成分，除上述连词之外，还有其他一些词语。它们在句中虽起关联作用，却不属连词类，人们对其归属也有不同意见。下面将这些词语逐一列出，其中也表达了我们的一些看法。

（1）关联副词 49 个：诚然、还、都、一径、宁可、宁肯、宁愿、才、倒、反倒、反而、反之、好、却、随后、随即、随着、再、再不、当然、也、同时、另外、只管、唯独、此后、此外、同样、相反、尚且、且、固、固然、其实、果然、果真、首先、又、一边（……一边……）、愈（……愈……）、忽（……忽……）、忽而（……忽而……）、一时（……一时……）、也许、或许、有时

（……有时……）、自然、越（……越……）、随（……随……）。

（2）介词6个：至于、比方、比方说、比如、例如、譬如。对于“至于”人们没有分歧，而对后面5个词有人将它们视为动词，也有人将其看作连词，我们认为这两种看法都不够妥当。由于它们既不表示动作，又不能加动态助词，与关系动词有某些相似之处，所以如果认为它们是动词就只能将其划入关系动词。存在的问题是，它们所连接的前后项之间虽有类属关系，但它们的作用并不是把前后项间的这种关系由可能转化为现实，而只是举例说明；它们的分布位置也往往并不在主谓语之间，因为它们所连接的前项一般都是包含在前句当中的，并不以主语的形式出现，与我们所说的关系动词的特征相距较远。（张宝林，1996）从这5个词的连接功能来看，它们确实很像连词，但是连词和介词的区别是连词连接的前后两项可以互换位置，而介词不能；连词前不能加任何修饰成分，介词却可以加（黎锦熙，1992：199；朱德熙，1982：176）。这5个词的前面可以用“又、再”等副词修饰，且不能与前面的成分对调位置，因此与其把它们看作连词，不如将其归入介词。

（3）助词2个：也好、也罢。

（4）代词4个：这、这样、那、那么。有人将“那、那么”看作连词，却不把“这、这样”看作连词。我们认为它们的作用基本相同，不宜做两种处理。一律看作代词而可以起连接作用似乎比较方便。

（5）表示序数次第的词语10个：第一、第二、第三、其一、其二、其三、首先、其次、再次、又次等。

（6）动词2个：接着、跟着。

（7）名词1个：结果。

（8）经常作为独立成分的短语19个：归根到底、总而言之、综上所述、众所周知、与此同时、由此可见、不瞒你说、说来也怪、一般地说、换句话说、也就是说、总的来说、严格地说、一方面、一句话、看起来、俗话说、话又说回来、老实说。

附表：连词分类表（137个）

		连接词或短词（9）	连接分句或句子（128）			
			前句连词（77）	后句连词（46）		前后句连词（5）
				连接分句（21）	连接分句、句子、段落（25）	
联合连词（52）	并列（13）	跟、同、和、与、并、及、以及、而、连同	一来（……二来……）、一则（……二则……）	（一来……）二来、（一则……）二则		
	承接（8）			则、从而、转而	于是、从此、总之、可见、然后	
	递进（22）		不光、不但、不仅、不单、不只、不独、不特、非但、岂但、别说、慢说	而况、乃至、甚至、甚而、甚或	并且、而且、何况、况且、再说、进而	
	选择（9）		与其	不如、毋宁	要不	或（……或……）、或则（……或则……）、或者（……或者……）、还是（……还是……）、要么（……要么……）
偏正连词（85）	因果（14）		因、因为、由于、既然、之所以、怪不得、难怪、惟其	故、因而、以致、以至	因此、所以	

续表

		连接词或短词（9）	连接分句或句子（128）			
			前句连词（77）	后句连词（46）		前后句连词（5）
				连接分句（21）	连接分句、句子、段落（25）	
偏正连词（85）	转折（17）		按说、别看、尽管、虽然、虽说、虽则		不过、但是、可是、但、可、然而、只是、否则、无奈、不然、而	
	条件（17）		凭、任、任凭、只要、只有、别管、不管、不论、除非、惟有、无论、好在、幸好、幸而、幸亏、等到、但凡			
	假设（17）		如果、如若、若是、若非、若、设若、倘若、倘或、倘如、倘使、倘、要、要是、假如、假若、假使、万一			
	让步（15）		便、就、就是、即使、即令、即便、即或、就算、就令、就使、纵、纵令、纵然、纵使、哪怕			
	目的（5）			以、以便、以免、免得、省得		

:: 参考文献 ::

国家对外汉语教学领导小组办公室汉语水平考试部 . 汉语水平词汇与汉字等级大纲 [M]. 北京语言学院出版社，1992.
胡裕树，主编 . 现代汉语 [M]. 上海教育出版社，1979.
景士俊 . 现代汉语虚词 [M]. 内蒙古人民出版社，1980.
黎锦熙 . 新著国语文法 [M]. 商务印书馆，1992.
刘 坚，等 . 近代汉语虚词研究 [M]. 语文出版社，1992.
陆俭明 . 现代汉语虚词散论 [M]. 北京大学出版社，1985.
吕叔湘 . 汉语语法分析问题 [M]. 商务印书馆，1979.
———，主编 . 现代汉语八百词 [M]. 商务印书馆，1980.
马建忠 . 马氏文通 [M]. 商务印书馆，1983.
人民教育出版社 . 中学教学语法系统提要（试用）问答 [J]. 语文教学通讯，1984(3).
史有为 . 呼唤柔性——汉语语法探异 [M]. 海南出版社，1982.
王 还，主编 . 汉英虚词词典 [M]. 华语教学出版社，1992.
张宝林 . 关系动词的功能、范围与分类 [J]. 语言文化教学研究集刊（第一辑）. 华语教学出版社，1997.
赵元任 . 汉语口语语法 [M]. 吕叔湘，译 . 商务印书馆，1979.
朱德熙 . 语法讲义 [M]. 商务印书馆，1982.

原载《词类问题考察》
北京语言学院出版社，1996

中编 “是……的”句研究

第六章 “是……的”句的歧义现象分析

引言

“是……的”句是现代汉语中的一个常用句式，也是人们颇为关注、讨论较多的句式之一。在“是……的”句的分类方面，主要有三分法[①]和二分法[②]。这两种分类方法在本质上是完全相同的，它们都把“是……的”句分为两类，而区别仅仅在于：三分法把以“的”字短语做宾语的“是”字句作为“是……的”句的一种，二分法则把这种“是”字句排除在“是……的”句之外。

我们同意二分法的观点，以“的”字短语做宾语的“是”字句是“是”字句的一种，应归入“是”字句，而不应混迹于“是……的”句中。（下文所说的“是”字句均指以“的”字短语做宾语的“是”字句。）

这样看来，“是……的”句的分类情况似乎十分清楚，然而，实际情况并非如此。因为我们发现，某些带有“是……的”标志的句子很难断定其归属。例如：

---

① 谭永祥《说“是……的”》、赵淑华（1979）、马盛静恒（1985）都主张三分法。

② 吕必松（1982），刘月华、潘文娱、故韡（1983）则主张二分法。

A ①他是昨天来的。

②这是我哥哥寄来的。

③毛衣是她织的。

B ①他是打篮球的。

②这是值得庆幸的。

③我只当你是不怕打的。

A组例句既可以视为“是……的”句（一），又可视为“是”字句；B组例句既可看作“是……的”句（二），又可以看作“是”字句。这些句子的实质是：一个句子可以分属两种结构，有两种意义，因而可作两种不同的理解。因此，它们是一种歧义句。

由此我们也可以看到，以“的”字短语做宾语的“是”字句虽然不是“是……的”句，但是却与“是……的”句具有十分密切的联系，在研究“是……的”句的同时，也必须对这种“是”字句进行考察。

许多学者都注意到“是……的”句中的歧义现象。例如，吕必松（1982）在把“是……的”句分为两类的同时指出有“跨类现象”；刘月华等（1983）指出存在“同形异构”的句子。他们所说的“跨类现象”“同形异构”，也就是本文所谈的歧义现象、歧义句。本文试图在前人研究成果的基础上，对“是……的”句的歧义现象进行一些探讨。

1. 歧义现象成因

1.1 结构歧义与功能歧义

结构歧义与功能歧义是形成歧义句的重要原因。歧义句实际上是用一种结构形式表示了两种结构义和两种功能义。马学良、史有为（1982）指出：“由结构表示的意义为结构义。表面形式相同而具有不同的结构义即为结构歧义。结构歧义都反映了不同的结构。”“功能义包括陈述义和指称义，是陈述功能和指称功能在语义上的表现。结构形式（或者结构义）相同而具有不同的功能义，即为功能歧义。功能歧义至少反映了语言单位的不同类别。”

陆俭明（1990）指出：“语言表达基本上取两种形态：指称形式和陈述形式。指称就是所指，陈述就是所谓。指称形态反映在语法上，从词性上说是体词性成分；从句法成分上说是主语、宾语；反映在意义上是个名称。陈述形态反映在语法上，从词性上说是谓词性成分，从句法成分上说是谓语、述语、补语；反映在意义上是个命题，或者说断言。”

由此出发，我们可以认为两种结构义与两种功能义之间存在着一种对应关系，即一种结构义表示指称义，另一种结构义表示陈述义。例如“我是西单上的”是一个歧义句，其中“西单上的”一个结构义为“西单上的（人）”，是一个体词性成分，表示指称义，整个句子为判断句（即“是”字句）；另一个结构义为“西单上的（车）”，是一个谓词性成分，表示陈述义，全句是强调地点的动作句（即“是……的”句（一））。当表示指称义时，“西单上的”与“（人）”之间是修饰语（定语）与中心语的关系，“的”是结构助词，起“定语标记”的作用。当表示陈述义时，“西单上的”与“（车）”之间表面上看也很像修饰语与中心语的关系，但实际上却是动宾关系；“的”也很像结构助词，似乎也起“定语标记”的作用，但实际上它是动态助词，起表示动作已经完成的作用，或者称它为“伪定语的标记”也未尝不可。又如“他是打篮球的”也是一个歧义句，“打篮球的”既可看作体词性成分，表示指称义，即“打篮球的（人）”，这时全句为判断句，“打篮球的”与“（人）”之间是修饰关系，“的”是结构助词；又可视为谓词性成分，表示陈述义，即“打篮球的 ϕ”，全句表示强调肯定语气（即为“是……的”句（二））。这里的“ϕ”表示一个空位，表示这里不能出现名词性成分，因此这里的“的”连“伪定语的标记”都算不上，只是一个语气助词。

1.2 主语的影响

1.2.1 主语由代词充当时可能形成歧义句

这又分两种情况：

（1）指示代词做主语可能形成歧义句，而表示具体事物的名词做主语不能形成歧义句。我们先看“是”字句与“是……的”句（二）的歧义情况。例如“这是值得庆祝的”是歧义句，句中“值得庆祝的”如果表示指称义，则其相应的结构义为“值得庆祝的（事情）”；如果表示陈述义，则其结构义为“值得庆祝

的 φ”。如果把句中的主语“这”改为“这件事情”则全句只能表示陈述义，不能表示指称义。我们认为这是因为把结构义“值得庆祝的（事情）”中的“(事情)”提出充当了主语，那么“值得庆祝的（事情）”这个结构义本身已经被分化，不再存在，因而与这种结构义相应的指称义也就随之消失了。这种情况很整齐，与指示代词做主语可能形成歧义句，表示具体事物的名词做主语不能形成歧义句的说法完全一致。

“是”字句与“是……的”句（一）的歧义情况比较复杂。先看几组例句：

C ①这是刚到的。

②那是他写的。

③这是我哥哥寄来的。

D ①房是昨天拆的。

②枪是我放的，手榴弹是他投的。

③油井是敌军破坏的。

E ①桌子是他自己做的。

②这本书是昨天买的。

③自行车是小王借的 。

F ①这是我的。

②那是新的。

③这是买的。

如果我们把“指示代词做主语可能形成歧义句，表示具体事物的名词做主语不能形成歧义句”视为一条规律的话，那么很明显，C、D 两组是合乎规律的，E、F 两组是不合规律的。C 组例句由指示代词做主语，它们可以是“是”字句（“这是刚到的（货）”等），也可以是“是……的”句（一）(“这（批货）是刚到的”等）；D 组例句由表示具体事物的名词做主语，它们只能是“是……的”句（一）。E 组例句虽然是由表示具体事物的名词充当主语，但它们仍然是歧义句；F 组例句尽管是由指示代词做主语，但它们并没成为歧义句。

为什么会出现这些不合规律的情况呢?

先看 E 组的情况。E 组例句“是……的”框架中间是状动结构或主谓结构。把 E 组例句与 D 组例句加以比较，可以发现，D 组例句中的动词含有“毁损义”

或“消失义”，E 组例句的动词含有“制成义”或“取得义”。

我们知道，由“的”字短语做宾语的“是”字句其主要功能是给主语分类。“毁损义、消失义”动词表示事物已不存在，不存在的东西自然无法分类；“制成义、取得义”动词表示事物存在，存在的东西当然可以分类。无法分类的事物不能构成两个对比而言的“是”字句，只能构成两个对比而言的“是……的”句（一）；可以分类的事物则既可以构成两个对比而言的“是”字句，又可以构成两个对比而言的“是……的”句（一）。因此，E 组例句是歧义句，可以出现在两种不同的语境当中，形成 E′ 组例句：

E′ ① a. 桌子是他自己做的，不是（他）买的。

b. 桌子是他自己做的，不是别人做的。

② a. 这本书是昨天买的，不是（昨天）借的。

b. 这本书是昨天买的，不是今天买的。

③ a. 自行车是小王借的，不是（小王）买的。

b. 自行车是小王借的，不是小李借的。

D 组例句不是歧义句，不能出现在上面 E′ 组内三组例句的 a 句语境中，只能出现在 b 句语境中，形成 D′ 组：

D′ ① 房是昨天拆的，不是今天拆的。

② 枪是我放的，不是他放的；手榴弹是他投的，不是我投的。

③ 油井是敌军破坏的，不是自己破坏的。

下面再举几例：

G ① 雪是盐水化的。

② 雨是老天爷下的。

③ 城市是敌机炸的。

G 组例句的动词含有“毁损义”或“消失义”（“雨”从天而降对“老天爷”来说也是消失），都不能出现在 E′ 组 a 句的语境中，都不是歧义句。

这样解释似乎已经可以解决问题了，但是我们发现还有一些其他情况，例如：

H ① 灯是我关的。

② 血是他献的。

③ 钱是大伙儿凑的。

这组例句中的动词不含“毁损义”或“消失义”，与E组例句比较，它们似乎也可以出现在两种语境当中，形成H′组例句：

H′ ①a. 灯是我关的，不是我开的。

b. 灯是我关的，不是他关的。

②a. 血是他献的，不是他卖的。

b. 血是他献的，不是我献的。

③a. 钱是大伙儿凑的，不是大伙儿分的。

b. 钱是大伙儿凑的，不是我一人凑的。

但是，把H′组与E′组比较一下，就可以发现它们有两个明显的区别：

首先，从意义上看，E′组内三组例句中的a句是从来源的角度对主语进行分类，H′组内三组例句中的a句是从何种角度对主语进行分类呢？这是难以回答的，因为这些句子的主语和动词之间不存在分类关系。因此，这些句子即使可以对比着说，也并非“是”字句。

其次，从形式上看，E′组例句中a句的后一分句（即“不是买的”“不是借的”等）在“是”与后边的谓词性成分之间可以出现状语或施事，也可以不出现；H′组例句中a句的后一分句在“是”与后边的谓词性成分之间则必须出现施事。这是因为E′组中的a句是“是”字句，目的是从来源的角度对主语进行判断、分类，施事或状语并不重要，因而是可有可无的；而且由于汉语经济性的特点，这个施事（或状语）以不出现为常式。H′组内的a句不是“是”字句，而是强调施事的“是……的”句（一），因此施事是必不可少的。

把这两点区别加以概括，我们可以认为：在表示具体事物的名词做主语时，一个句子能否成为歧义句的决定因素在于主语和动词之间有没有内在的分类关系。有这种关系可以构成歧义句，否则就不能构成歧义句；而在原句的否定式中可否省略施事就成为主语和动词之间有无分类关系的形式标志。

F组例句的“是……的”之间是单个的体词性成分或单个的谓词性成分，当这些成分分别与“的”组合时，这个“的”只能是表示转指的“的”，其功能“一是语法功能的转化，就是名词化，二是语义功能的转化。”（朱德熙，1983）这样，原来的谓词性成分在新的组合中变成了名词，原来的体词性成分变成了新的名词，所以它们只能构成判断句，不能成为歧义句。

（2）人称代词做主语可能形成歧义句。当人称代词所充当的主语与句子的宾语有同一关系时可能形成歧义句，没有同一关系时不能形成歧义句。例如“他是昨天考的博士”，当“他”指考生时，主宾语之间有同一关系，因而是歧义句，即可以是判断句，指出他的“博士”身份；又可以是强调时间的动作句，指出这位博士生参加考试的时间是“昨天”。当“他”指主考人时，“他”与“博士”之间没有同一关系，因而只能是强调时间的动作句。而“他是昨天考的外语”“我是今天打的电话”之类句子，主宾语之间很明显不是同一关系，所以也不是歧义句。

由此我们想到，“我是西单上的”“他是昨天来的”“他是打篮球的”“我是同意这种意见的”之类句子所以能够成为歧义句，究其原因，除“西单上的”“昨天来的”“打篮球的”“同意这种意见的”等结构存在结构歧义与功能歧义之外，与主宾语之间的同一关系也不无关联。当这些结构表示指称义时，其相应的结构义“西单上的（人）”“昨天来的（人）”“打篮球的（人）”“同意这种意见的（人）”与各自所在句的主语“他”“我”等构成同一关系，从而形成“是”字句；当这些结构表示陈述义时，相应的结构义“西单上的（车）”“昨天来的（北京）”与所在句的主语之间没有同一关系，构成了“是……的”句（一）；至于“打篮球的 Φ”“同意这种意见的 Φ”，因为“Φ”不能用一个名词性成分来替换，因此也就谈不上与主语是否同一的问题，但它仍然构成“是……的”句（二）。

1.2.2 主语有无生命可以决定是否形成歧义句

主语有生命可以形成歧义句，主语无生命则不能形成歧义句。例如“他是画画儿的”是歧义句。“画画儿的”可表示指称义“画画儿的（人）”，也可以表示陈述义“画画儿的 Φ”。“笔是画画儿的”不是歧义句，“画画儿的”只能表示指称义“画画儿的（工具）”，不能表示陈述义。这两个句子之间的这种差别是由于主语是否有生命造成的，因为有生命的事物才有自主意识，也才能表示带有主观意愿色彩的陈述义。从指称义的角度考虑，这种情况与主宾语之间的同一关系问题也有关，人称代词“他”决定了该句中“画画儿的”的指称义是“画画儿的（人）”，物质名词“笔”决定了句中“画画儿的”的指称义是“画画儿的（工具）”，这样两句的主宾语之间才能建立起同一关系。下面再举几例：

①我是砌墙的，他是搬砖的。

②瓦刀是砌墙的，夹子是搬砖的。

③马是吃草的，猴子是吃面包的。

④这台机器是割草的，那台机器是做面包的。

①、③句主语有生命，是歧义句；②、④句主语无生命，不是歧义句。

1.2.3. 由于客观事理的作用，不同词语充当主语时与谓语构成的不同搭配关系也可以决定是否形成歧义句

例如：

A ①她是去年生的小孩。

②她是在服务公司雇的保姆。

B ①他是去年生的小孩。

②他是在服务公司雇的保姆。

这两组例句的主要区别是：A 组例句，主语“她”可以是“小孩”或“保姆”，也可以不是，因此主宾语之间可以是同一关系，也可以不是同一关系；B 组，①句主语“他”只能是“小孩”，②句主语“他”绝对不可能是“保姆”，因此①句的主宾语之间只能是同一关系，②句的主宾语之间则绝对不可能是同一关系。所以，A 组例句是歧义句，即：主宾语有同一关系时是“是”字句，没有同一关系时是“是……的”句（一）；B 组①句只能是“是”字句，②句只能是“是……的”句（一）。

1.3 宾语的影响

宾语所处的不同位置可以决定是否形成歧义句。宾语在“的”字之前是歧义句，在“的”字之后不是歧义句。例如“我是学物理的”是歧义句，是“是”字句与“是……的”句（二）歧义。“学物理的”可表示指称义“学物理的（人）”，也可以表示陈述义“学物理的 Φ”。“我是学的物理”则只能表示陈述义，不能表示指称义。又如“我是昨天买电视的”是歧义句，是“是”字句与“是……的”句（一）歧义，“昨天买电视的”可以表示两种功能义；“我是昨天买的电视”只能表示陈述义，因而不是歧义句。下面再举几例：

A ①他是写报告的。

②他是今年上大学的。

③那只小公鸡是昨天打鸣的。

B ①我是吃的饺子，不是吃的面条。

②他是骑车进的城。

③这只母鸡是今天下的蛋。

A 组例句是歧义句，B 组例句不是歧义句。

2. 分解歧义句的理论根据

语境对于言语理解有决定性的作用。人们在理解语言的时候必须结合语境，因为语境具有解释功能。语境为什么有这种解释功能？语境的解释功能是如何帮助人们进行推断的？这是因为“收讯者必须参照的‘代码’和‘语境’有着相互补充的关系”，“对‘代码’的依赖程度越是降低，对‘语境’的依赖程度就越高”。（池上嘉彦，1985：31-32）对这段话我们可以理解为，话语和语境之间有一种互补关系，其含义是：如果话语的语义明确、单纯，则理解时对语境的依赖程度低；如果话语的语义模糊、复杂，则理解时对语境的依赖程度高。语境的解释功能正是由此而来，它正是通过话语与语境之间的互补关系来帮助人们进行推断的。因此，话语与语境之间的这种互补关系才是使人们能够理解语言或言语的真正含义的根本原因。

在这样的认识基础之上，我们才能说，语境的解释功能可以帮助读者或听者从笼统的意义推断出具体的意义，推断出说话人的言外之意，推断出与表面意义相反的真实含义，理解那些似乎不可理解的话语；特别是能够帮助听者或读者辨析歧义，获得准确的信息。对于歧义句来说，语境制约了语言意义，排除了一种结构义和功能义，只留下一种选择，从而消除了产生歧义的可能性，使听话人可以准确地理解说话人的真实意图。例如“他是昨天来的”是一个歧义句，在回答“谁是昨天来的”时，“昨天来的”是体词性成分，表示指称义，全句是判断句；在回答“他是什么时候来的”时，“昨天来的”则是谓词性成分，表示陈述义，全句为强调时间的动作句。因此“他是昨天来的”虽然有两种结构，两种意义，可以作两种理解，但在不同的语境中却只能作一种理解，从而排除了结构上和功能上的歧义。

3. 分解歧义句的方法

3.1 焦点分析法

焦点是说话人所要表达的信息重点，是他进行交际的兴趣中心，焦点可以随说话人交际兴趣的改变而改变，焦点的选择要受说话人表达需要的制约，是由说话人的心理因素决定的（范开泰，1985），因此焦点的位置是任意的、不固定的；又因为焦点是说话人所强调的重点，他总要用一个比较明显的形式把这个焦点表示出来，以便听者接受这个焦点，理解他的真正意图，从而使交际活动进行下去，因此焦点又总具有一定的形式标志。歧义句可以有两种理解，每种理解的焦点是不同的，在具体的语境当中，听者可以通过焦点的形式标志抓住焦点，再根据焦点作出一种相应的理解，从而准确地把握语句的含义。

在口语中焦点的形式标志是重音，因此只要抓住重音就可以分解歧义句。例如“他是昨天来的”这句话，在回答“谁是昨天来的”时，重音必然落在“他”上；在回答“他是什么时候来的”时，重音一定落在“昨天”上。

在书面语中重音是反映不出来的，需要用其他办法来突出焦点。我们可以用省略非焦点成分的办法来突出焦点，例如上句，回答前一个问题时只说“他”，回答后一个问题时只说“昨天”。还可以用对比方式来突出焦点。例如“我是今天来的，不是昨天来的”，焦点显然是“今天”。（孙维张，1987）

3.2 预设分析法

“是”字句和“是……的”句的预设情况是不同的。“是”字句是判断句，“是”是动词，是对某人或某物进行判断，因而无所谓预设。“是……的”句（一）“是表示一种活动在某种情况下完成的。所以活动的完成是‘是……的’句的先决条件”，“‘是……的’在句中好像是一个‘焦点’，用来特别标示出一个已经完成的活动，是在何时、何地、何等方式下完成的。”（马盛静等，1985）因此“是……的”句（一）总是预设所述说的活动已经完成，处于完成态。“是……的”句（二）表示强调说话人的主观判断或态度，与活动是否完成无关，因此它总是预设说话人的某种态度或看法。根据三种句子预设的不同情况，也可以对歧义句进行分析。

例如一个乘客在公共汽车上买票时，售票员问他“你是哪儿上的？”他回答“我是西单上的”。这句话预设“上”的动作已经完成，“我”已经上到车上了，全句所要说明的并不是“我上车”这件事，而是强调指出上车的地点“西单”，所以这个句子是“是……的”句（一）。如果行车当中有某件事情涉及一个从西单上车的乘客，售票员为了找出这个乘客而问“谁是西单上的”，乘客回答“我是西单上的”。此时乘客虽然也已经上车，但全句不是强调有关上车的某种情况，而是表示判断，说不上预设什么，所以是“是”字句。

3.3 变换分析法

马希文（1985）指出：“句式的变换常常意味着意义（包括预设什么、表达什么等等）的变化。”陆俭明（1990）更明确地指出：“变换分析最明显的作用是可用来分化歧义句式。”两位先生指出了变换分析方法在句法分析中的重要作用，特别是在歧义句分析中的作用。朱德熙（1986）曾说明运用这种方法的基本原则是：“变换前和变换后句子里组成成分之间的语义关系始终维持不变。”我们可以根据这一原则对歧义句进行变换分析。

我们已经知道，形成歧义句的基本原因是结构歧义和功能歧义。一个歧义句是用一种结构形式表示两种结构义和两种功能义。那么，当歧义句进行句法结构上的变换时，则对一种功能义来说进行的是同类变换，变换前后意义上没有根本的变化；而对另一种功能义来说进行的却是异类变换，变换前后意义上发生变化。

例如“他是昨天来的”，“昨天来的”可以表示指称义“昨天来的（人）”，也可以表示陈述义“昨天来的（北京）”。原句经变换成为“昨天来的是他”，在这个变换式中，“昨天来的”不存在功能歧义，在变换过程中陈述义消失了，只留下指称义“昨天来的（人）”；或者说，在变换过程中，原来的陈述义变成了指称义。因此，变换式与原式的指称义为同类变换，变换前后未发生意义上的变化，“昨天来的”在变换前后都是一个名称；变换式与原式的陈述义为异类变换，意义发生变化，即“昨天来的（北京）”由一个命题变成了一个名称“昨天来的（人）”，由陈述形态变成了指称形态。我们可以这样认为：歧义句在变换分析过程中，原式与变换式之间属于同类变换的即“是”字句，属于异类变换的即“是……的”句。

现在让我们来看“是”字句与“是……的”句（二）歧义的句子的变换情况。“他是同意这种意见的”，其中“同意这种意见的”可以是一个名称，表示指称义；也可以是一个命题，表示陈述义。原句经变换成为“同意这种意见的是他”，“同意这种意见的”只表示指称义。原式的指称义作的是同类变换，陈述义作的是异类变换。所以，前面的结论仍然有效，即：进行同类变换的是“是”字句，进行异类变换的是“是……的”句。下面的例子也都符合这个结论：

① 他是写小说的。→写小说的是他。

② 她是很了不起的。→很了不起的是她。

③ 我是骑车来的。→骑车来的是我。

④ 他是 1960 年出生的。→ 1960 年出生的是他。

这些例句在变换前都是歧义句，“写小说的”“骑车来的”等结构都可以表示两种功能义；但在变换之后，这些结构只保留了指称义，失去了陈述义，因此变换后的句子不是歧义句。

运用上述三种方法我们可以将歧义句分解开，但在运用这些方法时应当注意两个问题：（1）上述任何一种方法都属于动态分析的方法，都必须结合具体的语境加以使用；（2）在分解一个歧义句时，上面的几种方法应当互相参照，配合使用。

:: 参考文献 ::

[日]池上嘉彦.符号学入门[M].北京国际文化出版公司，1985.

范开泰.汉语语用分析三题//第一届国际汉语教学讨论会论文选[M].北京语言学院出版社，1985.

刘月华、潘文娱、故　韡.实用现代汉语语法[M].外语教学与研究出版社，1983.

陆俭明.变换分析在汉语语法分析中的运用[J].湖北大学学报，1990(3).

吕必松.关于“是……的”结构的几个问题[J].语言教学与研究，1982(4).

马盛静恒.汉语“了、是……的、过、着、在、呢”教材教法的构想//第一届国际汉语教学讨论会论文选[M].北京语言学院出版社，1985.

马希文．跟副词“再”有关的几个句式 [J]. 中国语文，1985(2).
马学良、史有为．“哪儿上的”及其“的”[J]. 语言研究，1982(1).
孙维张．现代汉语句法结构的语义重心 [J]. 内蒙古民族师院学报，1987(4).
赵淑华．关于“是……的”句 [J]. 语言教学与研究，1979(1).
朱德熙．自指和转指：汉语名词化标记“的、者、所、之”的语法功能和语义功能 [J]. 方言，1983(1).
———．变换分析中的平行性原则 [J]. 中国语文，1986(2).

原载《世界汉语教学》1994 年第 1 期

第七章 “是……的”框架的性质与作用

引言

（1）“一元论”与“多元论”

“是……的”句是现代汉语中的一个常用句式，也是人们普遍关注、议论较多的句式之一。其所以如此，是因为带有“是……的”结构形式的句子情况比较复杂，它们当中既有“是……的”句，也有以“的”字短语做宾语的“是”字句（本节谈及的“是”字句均指此类）；“是……的”句内部又存在两种情况，即“是……的”句（一）和“是……的”句（二）；此外，还有歧义句的问题，包括“是……的”句（一）与“是”字句的歧义句和“是……的”句（二）与“是”字句的歧义句。在上述几种情况中，“是”“的”及“是……的”框架的性质与作用是不尽相同的。

“是”和“的”是现代汉语中使用频率极高的两个词，对于它们的性质与作用人们议论很多，分歧也很大。争论的焦点是：“是”与“的”分别只有一种性质、一种作用，还是具有多种性质和多种作用？有很多人主张，“是”和“的”分别只有一种性质、起一种作用；另有很多人坚持“是”和“的”分别有几种性质、起几种作用。这两种观点尖锐对立，至今还难以取得一致的或相近的见解。而这又必然影响到人们对“是……的”框架的性质与作用的看法。

我们可以把在这些问题上的分歧概括为“一元论”与“多元论”的对立：主张“是”“的”分别只有一种性质、起一种作用的是“一元论”；认为“是”“的”分别具有多种性质、起多种作用的是“多元论”。

（2）关于“是”

多元论认为“是”有多种性质，是一个“兼类词”，可以分属动词、副词、连词、代词、形容词、介词、助词等。例如张静（1960）认为“是”可兼属前三类，刘小南（1979）认为兼属前五类，赵鲜秋（1989）认为兼属前六类，何思成（1984）认为兼属前四类、外加一个助词类。

一元论主张“是”性质单一，就是动词，或称判断动词、判断词。例如柴世森（1981）、汤廷池（1985）、汪有序（1985）等都是一元论者。

我们认为“是”是兼类词，可以分属动词、副词、连词、代词和形容词。连词、代词和形容词的用法与“是……的”句无关，不属于本文的讨论范围；动词用法不存在分歧；因此“是”能否做副词就成为一元论与多元论分歧的关键。

（3）关于“的”

为了论述方便，我们把多元论与一元论的具体看法留待下文介绍，这里只说明：“是……的”句中的“的”能否做动态助词和语气助词是两派观点的主要区别。

（4）研究目的

在“是……的”句中“是”能否做副词和“的”可否做动态助词和语气助词是本文所要讨论的两个重要问题；在此基础上，本文将进一步探讨“是……的”框架的性质与作用问题。

1.“是”的性质和作用

多元论认为在“是……的”句中，“是”可以做副词的含义是：当“是……的”中间出现非名词性成分时，“是”是语气副词。其理由主要是：（1）“是”在句（动词或形容词谓语句）中不表示判断，而只表示断定和强调；（2）“是”可以去掉，不影响句子结构的完整，句子的意思也没有什么不同；（3）这种句子的否定式只能在“是”后加“不”。（柴世森，1981）

一元论认为“是”在动词和形容词之前也仍然是动词。其理由主要是：（1）“是”在动词和形容词前面确实增加了断定和强调的意味，但仍有判断的作用，因为就广义的判断来讲，断定也是一种判断；（2）语气副词不能被别的词语修饰，“是”却可以受某些副词的修饰；（3）“是”可以用肯定否定相迭的形式表示疑问，而这正是动词的语法特点。（柴世森，1981）关于第（2）个理由，柴文还举出一组例句加以证明。

①我虽然自有我的确信，然而说到希望却是不能抹杀的。

②长毛也不是这样不讲理的。

③这一种人在中国共产党内曾经是不少的。

④所有这些想法，显然都是不对的。

⑤对于这些不好的事情，即使我们想抱着“家丑不可外扬”的态度，把它们掩藏起来，也是不可能的。

这两种观点的第（1）个理由谈的是同一个问题。一元论的看法来源于吕叔湘的观点，吕先生（1979）认为“是”的强调作用和判断作用很难分清，因而主张将“是”的用法一元化。然而卞觉非（1980）曾根据“述谓性”理论，比较透彻地分析了这一问题。其基本思想是：形容词和动词具有述谓内容和述谓性，可以单独做谓语。名词一般有述谓内容，但没有述渭性，因而不能独立做谓语。系词“是”在本质上接近于动词，有述谓性，在名词性谓语句中，系词“是”的述谓性可使名词成为谓语，把两个互不相关的语言片断变成可以理解的、与现实相关联的完整句子。“是”虽然也能进入动词和形容词谓语句，但述谓性并不是由“是”表示的，而是由动词和形容词表示的，这时的“是”并非系词，而是表示语气的副词。通过下文的论述我们可以得到这样的启发：“是”只是在带有述谓性时才表示判断，其性质是动词；在不带有述谓性时则只起加强语气的作用，其性质是语气副词。这样看来，动词“是”和语气副词“是”的界限十分清楚，“是”表示判断作用还是表示强调作用也就十分清楚了。

一元论的第（2）个理由似乎很有道理，但联系多元论的第（2）个理由看一看就可以发现，一元论的这个理由也是不成立的。因为当我们把“是”去掉之后，就会很清楚地看到：“是”前的那些副词所修饰的并不是“是”，而是“是”后面的其他成分。上面引自柴文的一组例句正好能说明这个问题：“却”“不”“曾经”“都”“也”等副词所修饰的并不是紧随其后的“是”，而分别是“是”后面的“不能抹杀”“这样不讲理”“不少”“不对”“不可能”等。下面再举些例子：

⑥作者对这些地方的观察也是很仔细的。

⑦副班长就不管这些，早起一分钟都是不干的。

⑧自己曾经是有负于他的。

⑨我们当然也是信任你的。

⑩这位名噪一时的“画家”竟然是不懂绘画的。

上述例句都表明“是”前的副词所修饰的是“是”后面的成分；这也就说明了在这些句子中“是”并非动词。

关于这个问题王力（1980）指出：“是”是系词（本文称之为动词），“但是，我们不能说‘是’字在任何情况下都是系词。……当谓语不是名词性质的时候，谓语前面的‘是’字也不是系词”。王先生的见解证明我们上面的分析是正确的。

一元论的第（3）个理由对此派所持观点来说是一个十分有力的证据，的确很有道理。张静（1987）曾对它作过类比性的反驳，用“在”可以兼属动词和副词来证明“是”可以兼属动词和语气副词。如果这种方法可行的话，我们也可以用助动词做状语时可以肯定否定相迭而不影响其为助动词这种情况，来证明“是”在谓词前肯定否定相迭而不妨碍其为语气副词。然而这种类比的方法显然是缺乏说服力的，因为“在”或助动词与“是”毕竟不是同一类型的词，它们各有各的特点，是不能互相证明的。

赵鲜秋（1989）把体词性成分和谓词性成分前面的“是”都变成肯定否定相迭的形式来加以观察，认为在名词、代词前没有“是”就不成句，“是”起动词性作用；在动词形容词前有没有“是”都可以成为疑问句，“是”起副词性作用。这种方法区别了“是”在体词性词语和谓词性词语前的不同作用，是有一定说服力的。

我们觉得这个问题还可以从“是”的历史发展这个角度来探讨。在古汉语中“是”最初是一个指示代词，后来演化出动词的用法，在动词用法基础上又出现了包括副词用法在内的一些其他用法，因此“是”的语气副词用法来源于“是”的动词用法。我们可以认为“是”的语气副词用法仍然处于演化的过程之中，还带有一些动词的语法特点，语气副词“是”可以用肯定否定相迭的形式来提问就是它所带有的动词“遗迹”之一。

总起来说，我们认为“是”可以在“是……的”句中做语气副词的观点是可以成立的。

然而问题至此还没有结束，因为我们发现在言语交际过程中，重音所在的位置对“是”的性质和作用有很大影响。例如“我是昨天来的”可以回答三种问题，在回答不同的问题时重音所在的位置也是不同的。回答“谁是昨天来的”时重音在主语“我”上，回答“你是哪天来的”时重音在状语“昨天”上，回答“你是昨天来的（吗）”时则重音一定落在“是”字上。第一种情况中的“是”是动词，在句中表示主宾语之间的同一或同类关系；第二种情况中的“是”是语气副词，在句中起强调后面成分的作用；而第三种情况中的“是”是什么性质，在句中起什么作用呢？

关于这个重读的“是”，很多专家学者都曾谈到。张志公（1960）说：“叙述句和描写句加‘是’有加强语意的作用，意义上大致相当于‘真’或‘确实’之类。这样的‘是’一般都重读。”赵元任（1979）认为这种重读的“是”的作用是“强势肯定”。朱德熙（1982）认为“‘是’重读表示确实如此”。汤廷池（1985）认为：“‘是’的语义内涵虚灵，在语音上也常读轻声”，但在“是”的强调肯定用法里“‘是’要重读”。李临定（1990）认为：“‘是’有‘强化’和‘弱化’两种用法：所谓‘强化’表现为重读，不能省去；所谓‘弱化’表现为轻读，可有可无。”

把上述观点加以归纳，可以得到下面几点认识：（1）“是”在一般情况下轻读，在表示强调的时候重读。（2）“是”重读时表示对语意的强调肯定，是在已经对事实作出肯定性说明之后进一步确认语句内容是的确如此、不容置疑的。“强势肯定”的说法深刻而形象地表明了“是”的这种作用，这种作用也就是语意上的“强化”作用。（3）“是”重读时表示强调、肯定和确认，因而在句中不能省略；不重读时则可以省略。以上这些看法指出了重读“是”的本质特征，对进一步对“是”进行研究具有重要的指导意义。

联系“是……的”句的情况看，重读“是”可以用于“是”字句，也可以用于“是……的”句；可以用于“是……的”句（一），也可以用于句（二）。或者反过来说，不论在哪种句子中，“是”都可以重读，但重读与不重读在意义和功能上有所不同。例如在“书是图书馆的”“我是昨天来的”“今天是要下雨的”三个不同类型的句子中，“是”都可以重读，也可以不重读。重读时是对语句全部内容的强调和确认；不重读时则或是对语句内容的一般性陈述（“是”字句），或是对语句某一部分内容的强调（“是……的”句（一）），或是对某种看法、态度的强调（“是……的”句（二））。

重读“是”既有强调的作用，又有确认的功能。它的强调作用以及在语音上必须重读的性质使它在词性上近乎语气副词，它对语句全部内容的确认功能又使它很像动词，究竟把它归入哪一类实在难以确定。范开泰（1985）认为，重读“是”的作用是对前面已经提到过的内容再次确认，“这个‘确认’口气才是要表示的‘新信息’”。范文把重读“是”的确认功能理解为一种“口气”，这显然是把重读“是”作为语气副词看待的。这种看法在王力的话里得到了证明。王力（1937）指出：系词“是”有许多灵活的用法，“这几种‘是’字都已近似副词，不能再认为系词了”；这些灵活的用法之一便是“是认或否认某一件事实”。在王先生举的例句中有这样一个句子：

昨夜晚，是有这般一个人挑着个红羊皮匣子过去了。

我们认为王先生说的“是认”与范文中说的“确认”含义基本相同。上面例句中的“是”正是重读“是”，它所起的作用是对全句内容的强调、肯定的确认。王先生说这个“是”近似副词，范文将其理解为语气副词，我们认为将它看作语气副词比较方便，同时要注意它与轻读“是”的区别。

这样我们就得到了三个“是”，即动词“是”、不重读的语气副词“是”和必须重读的语气副词“是”。我们可以按这个顺序分别把它们命名为“是1”“是2”“是3”。“是”字句的“是”为“是1”，“是……的”句中的“是”为“是2”；如果要对“是”字句和“是……的”句的全部内容加以强调和确认，则需在“是1”和“是2”的前边分别加上重读的语气副词“是3”，这时“是3”与“是1”或“是2”分别重合为一，并要重读，原句的意义也相应地发生一些变化。例如：

①这本书是学校的。

②他是开汽车的。

③我是去年毕业的。

④他是从南方来的。

⑤她是很了不起的。

⑥问题是可以解决的。

上述例句的重音都在“是”后的成分上，“是”不重读。这时，①、②句是“是”字句，对主宾语间的关系加以判断，“是”是动词。③至⑥句是“是……的”句，其中③、④句是“是……的”句（一），强调状语，⑤、⑥句是“是……的”句（二），强调看法，“是”是不重读的语气副词。在原句中加入“是3”后，“是3”与原句中的“是”重合，在形式上仍然是一个“是”，这个重合后的“是”要重读。这样，原句一方面在语气上得到加强，另一方面在内容上进一步得到肯定和确认。

2.“的”的性质和作用

人们对“的”的议论很多，分歧也更多一些；虽然也可以把这些分歧概括为“一元论”与“多元论”两派观点，但各自内部仍有许多不同之处。

朱德熙（1961）把“的”字一分为三：“的”是副词性语法单位的后附成分，“的2”是形容词性语法单位的后附成分，“的3”是名词性语法单位的后附成分。应当注意的是，朱先生所说的“的3”包括了我们所说的结构助词“的”、语气助词“的”和动态助词“的”。陆俭明把“的2”改称为“状态性后缀”，把“的3”改称为结构助词。朱先生（1983）又指出“的3”的作用在语法上是“名词化”，在意义上是“转指化”。他们虽然认为有三个“的”，但与“是……的”句有关系的只是“的3”，因此他们的观点应属一元论。

汪有序（1985）认为“的”是修饰记号，其任务是表明修饰成分和被修饰成分之间的关系。他还否定了“‘的’表示过去”和“‘的’强调‘是’后”两种看法。

柴世森（1981）认为“的”是结构助词，同时也表示语气的加强。他同时否定了在“是……的”句中“的”是语气助词的观点。

方光焘（1990）、张静（1960）、赵淑华（1979）、宋玉柱（1981）、马学良、史有为（1982）等主张“多元论”。把他们的意见综合起来可以得到这样的结论：“的”可以是结构助词、动态助词和语气助词。“的”可以做结构助词，这一点两派观点一致；区别在于“的”能否做动态助词和语气助词。

我们认为分析一个语言现象应从两个“实际”出发。一是从语言的实际出发，所作的分析必须合乎语言事实；一是从语言教学的实际出发，所作的分析要便于教学，特别要便于对外汉语教学。从这两个角度来看，多元论的观点更合乎实际。

上文说过，结构助词“的”的作用之一是名词化。例如“这本书是图书馆的”“他是新来的”，句中“图书馆的”和“新来的”都是体词性成分，即“的”字短语；其中的“的”都是结构助词。然而在“生活是会好起来的”“历史是不会饶恕他们的”两句中，因为主语“生活”和“历史”都是无生命的抽象名词，所以“会好起来的”和“不会饶恕他们的”两个结构形式都只有陈述义，没有指称义。因此这两句中的“的”都不会是结构助词，而只能是语气词。

对附着于“是”后的动词性或形容词性词语之后的“的”，柴世森认为不是语气助词，而是结构助词，它与前边的动词性或形容词性词语构成“的”字短语，做“是”的宾语，表示对主语的分类。他还举出下面四组例句加以论证。

A　a. 他们一定来的。

　　b. 他们是一定来的。

B　a. 他们一块儿来的。

　　b. 他们是一块儿来的。

C　a. 苹果酸的。

　　b. 苹果是酸的。

D　a. 观点很鲜明的。

　　b. 观点是很鲜明的。

柴文认为每组 a 句中的“的”是语气助词，b 句中的“的”是结构助词。

我们认为柴文的观点存在三个方面的问题。其一，这四组例句性质不同，不能说明同一类问题。除 A、D 两组例句与语气助词有关以外，B、C 两组与语气助词无关。柴文把不同性质的句子混在一起，结果必然是用不同类的句子去说明同类的问题，这样得出的结论自然站不住。其二，每组上下两句中的“的”性质相同。A、D组上下句中的“的”都是语气助词，B组两句中的“的”都是动态助词，C组两句中的“的”都是结构助词。这四组例句每组上下两句的区别仅仅在于是否省略了“是”，而这一点对“的”的性质与作用并无影响。柴文把相同的句子当作不同的句子，这也是有问题的。其三，这四组句子有歧义句与非歧义句的区别。C、D两组结构单纯，不存在歧义问题；A、B两组是歧义句，A组为“是”字句与“是……的”句（二）的歧义句，B组为“是”字句与“是……的”句（一）的歧义句。当表示指称义时，A、B两组句子中的“的”的确都是结构助词；但在表示陈述义时，A组中的“的”是语气助词，B组中的“的”是动态助词。柴文把非歧义句与歧义句混为一谈，其结论当然很成问题。

总括上述三点，我们认为，柴文关于附着于“是”后的谓词性词语之后的“的”不是语气助词而是结构助词的观点是片面的。

上面B组例句是“是……的”句（一）与“是”字句的歧义句，撇开“是”字句不谈，它就是“是……的”句（一）。这种句子具有“已然义”，即具有表示动作已经完成，事情已在过去实现的“语法—语义”特征。（马学良、史有为，1982）因此人们在使用这种句子时，并不是要说明动作、行为乃至事情本身，而是要强调与之有关的某种其他情况，如时间、地点、方式、施事、受事、原因、目的等。就B组例句而言，句子的焦点并非“他们来了”，因为句子本来就是以此为预设的，这是不言而喻的附带信息；“他们来”的方式“一块儿”才是说话人所要表达的兴趣中心。这种句子之所以具有“已然义”，就是因为句中“的”的存在；这个“的”不能省略，因为省掉“的”句子就失去了“已然义”。例如“他是骑车来的”预设“他已在此”，“来”这个动作已经完成；如果把“的”去掉，则是说明“他要骑车来”，“来”的动作尚未完成，或尚未发生。可见这个“的”正是“已然义”的载体，它具有表示动作已在过去完成的独特功能，因此这个“的”是动态助词。

关于这种“‘的’表示过去”的用法很多学者都有过精辟的论述。例如赵元任（1948；见李荣，1952：210）指出：“谓语末了儿加‘的’字常常包含过去的意思，尤其是在事情发生在甚么时候已经指出的句子里。比方说：

他（是）昨儿来的。

He is one who came yesterday,-it was yesterday that he came,-he came yesterday.

这句话里头‘的’字表示他来这件事是已经可以分类的，因此就表示这件事是过去的。”

宋玉柱（1981）认为，这种“‘的’字该是表示时态的一种助词。”赵淑华（1979）则明确提出这种“的”字是动态助词，并进行了详细而深入的论述。吕必松（1982）把“是……的”看作一个整体结构，指出这种结构的作用之一是“表示过去时”。这种观点与“‘的’表示过去”的说法显然是一致的。

以上我们从语言事实出发，讨论了多元论的观点；下面再从语言教学的角度出发进行探讨。

“是……的”句是一种用法比较复杂的常用句式，它不但本身在内部分为两类，而且与“是”字句联系十分紧密，同时还有歧义句的问题。各种句子都有多种用法，例如“是”字句可以说明主语的时间、原料、性质、状态、来源、用途等；“是……的”句（一）可以用来强调动作的时间、地点、方式、工具、目的、条件、对象、施事、受事、宾语等等。在对外汉语教学中要教会外国学生全面掌握各类句式的用法，这显然是很不容易的。如果我们在理论上认为“的”只有一种性质和作用，就会把各种情况搅在一起，使本来已经很复杂的情况进一步复杂化（“是”的情况也是如此），这显然是不利于教学的。反之，我们可以把“是……的”句作为一个独立的系统，在这个系统中有几种不同的结构，不同的结构有不同的功能；在不同的结构和不同的功能当中，“的”具有不同的性质和作用。这样处理对于教和学两方面都会很方便。

下面举一个例子说明把“是”与“的”的性质和作用一元化会对教学产生怎样的影响。

汪有序（1985）在其文章中举过这样一个例子[1]：

我 | 是 || 在北京学习汉语的（学生）

这句话常被说成：

我 | 是 || 在北京学习的汉语

或者把“是”省略，说成：

我 | （ ）|| 在北京学习的汉语

① 注：各种符号为原文所加

汪文认为第一种说法“合语法、合逻辑、语意也一清二楚”；第二种说法“主语‘我’和宾语‘汉语’既不同属一物，又不同属一类，逻辑成了问题”；第三种说法“在语法和逻辑上可以解释成一个名词词组，‘汉语’是名词，是词组的中心。‘我在北京学习’是一个子句，修饰名词‘汉语’,‘的’是修饰记号。”全句可以分析成：

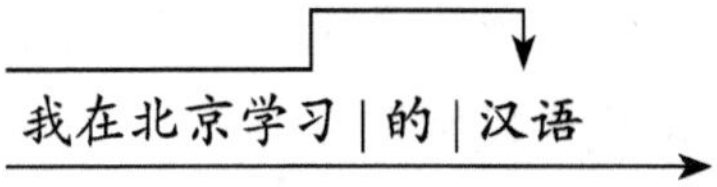

“可是，说话的人不是这个意思。”汪文还认为：拿这样语法、语意、逻辑都有问题的句子来教学生，结果他们会说“我是在北京学习的汉语”或者“我在北京学习的汉语”，而不会说“我是在北京学习汉语的”，这样，“当我们听到合语法、合逻辑的句子的时候，在理解上就常常有问题。”

我们之所以不厌其详地引述这个例子，是因为它典型地反映了一元化观点造成的后果。这个例子表明了如下几个问题：

（1）一元论观点不能正确理解语言现象。

汪文所举出的三种说法实际上都是正确的，而且后两种说法在实际的言语交际中更为常用，根本不存在不合语法、不合逻辑、语意不清之类的问题。“的”在“汉语”之前时，“我在北京学习”与“汉语”之间并非修饰关系，而是动宾关系；“的”是动态助词，而非修饰记号。“的”在“汉语”之前与之后的区别仅仅在于：①“的”在后则全句为歧义句（“是”字句与“是……的”句（一）的歧义句)，“的”在前则非歧义句。“的”在前的说法之所以比“的”在后的说法更常用，一方面是因为“的”是动态助词，而动态助词一般以用在动词后为最常见；另一方面是由于这种说法分化了歧义句，使句子的结构单纯化、语义明确化了。②句子强调的范围和程度有所不同。在“是……的”句中，“‘是’与‘的’之间的成分是讲话人着重强调的内容，尤其是强调‘是’后面的第一个成分”(朱林清等，1987)。因此，当“的”在宾语之前时，宾语处于“是……的”框架之外，不属于被强调的部分，这样，“是……的”之间被强调的成分范围相对较窄（常常是强调“是”后的第一个成分，如状语；但这并不是说，只有“是”后第一个成分才可以被强调）；它又与不被强调的宾语相比较而存在，所以强调的程度较高。“的”在宾语之后时，“是……的”中间被强调的部分较宽，由于失去了与不被强调成分的对比，所以“是”后成分被强调的程度明显降低，变成了“一种平铺的述说”，“只表达了全句的肯定语气”(蒲喜明，1983)。一元论观点由于坚持“的”只有一种性质和作用的观点，认识不到“是……的”句与“是”字句的本质区别，也就自然不能正确理解复杂的语言现象。

（2）一元论观点不能对语言现象作出正确的解释。

汪文虽然也看到把“我在北京学习”与“汉语”视为修饰关系与说话人的原意不相符合，但是既然把“的”规定为修饰记号，就只能得出这样的结论。这实际上反映出把“的”的性质与作用一元化与语言事实之间的深刻矛盾。汪文既看到了这一矛盾，又要维持一元化的观点，于是便在逻辑上想办法，把“我（是）在北京学习的汉语”当作不合逻辑的句子。这样解释显然歪曲了语言实际，因为这种说法在语法上和逻辑上都是可以理解的，关键在于如何看待这个“的”。

（3）一元论观点不能正确地指导教学实践。

汪文既然认为“我在北京学习的汉语”是在语法、逻辑和语意上都有问题的句子，那么就会很自然地在教学中避免这种说法，甚至有可能把它当作错误的东西告诉学生，而这恰恰是汉语中最常用的说法。这样教学显然是错误的。

一元论的失误从反面再次证明了多元论观点的正确。多元论的看法符合语言实际，适合教学要求，是应该在理论上继承，在实践中发扬的。

3.“是……的”框架的性质和作用

3.1　关于“是……的”框架

“是”与“的”配合起来，构成一个固定的框架，带有这个固定框架的句子就是所谓“是……的”句。

关于这种“是……的”句，吕叔湘（1982）早在二十世纪四十年代初就指出：“一般来说，判断句的语势比叙事句重些，所以才利用‘是……的’句来加重语势。这种加重可以是一般的（即谓语的）加重，也可以是任何一部分的加重。一般的加重，把‘是’字安在主语和谓语之间；部分的加重，把要加重的部分紧接在‘是’字之后，……”吕先生还举出一般加重的例句，如：

①所以好、歹、假，我是认得的。

②独你来了，我是不能给你吃的。

③你依我这话是万无一失的。

部分加重的例句如：

④他是大前年在上海的。

⑤我是无意之中遇见他的。

⑥是我把他找来的。

从吕先生的论述和例句当中我们可以看出，所谓“一般加重”的句子是我们所说的“是……的”句（二），所谓“部分加重”的句子是我们所说的“是……的”句（一）。

3.2 关于“是……的”句（二）

对“是……的”句（二），人们一般都已认识到它的强调功能。例如王力（1985）指出：“有时为了加强语意，可在叙述句里加上‘是……的’。”张志公（1960）指出：“用此格式，表示说话的语气是十分着重、十分肯定的。”田小琳等（1984）认为：这种格式可以表示强调的陈述，“如去掉‘是……的’，要表示强调就得完全借助重音，但也不如加‘是……的’这样突出强调。”赵淑华（1979）指出这种格式除可以“表示强调、肯定或态度坚决”以外，还可以“表示语气的委婉或缓和。”

上述这些看法明确指出了“是……的”框架的基本功能。

“是”和“的”都是表示语气的虚词，搭配使用可以表示坚决、强调或委婉、缓和的语气；不论表示何种语气，在语义上都是表示说话人对语句内容认可、赞同、肯定。“是……的”框架可以省略，省略后除语气不同外，语义上没有根本变化。反过来说，一般的叙述句本来可以不用“是……的”框架，如果要把这个句子用强调或委婉的语气说出，在口语中可以通过重读来表示，也可以通过“是……的”框架来表示，例如：

①你这样做很好。

②你这样做很好。

③你这样做是很好的。

①句是一般的陈述；②句重读“很好”，增加了强调肯定的语气；③句加上了“是……的”框架，框架中的成分同时重读，强调的语气比②句更强。

在书面语中重音是不起作用的，如果要给句子增加某种语气，就只有通过加“是……的”框架的方式来表示。看到这个框架读者就可以知道，其中的内容是作者特别予以肯定的，应当以强调的或委婉的语气读出，框架中的某些或全部成分应当重读。所以这个框架具有一种“标记”的性质，是一种根据表达需要而采用的语用标记。例如：

A a. 他的执拗无法抗拒。

b. 他的执拗是无法抗拒的。

B a. 这种违法乱纪的行为必须停止。

b. 这种违法乱纪的行为是必须停止的。

A组a句是一般的说法，b句通过“是……的”框架使语气加强；B组a句本来是一个祈使句，语气很强，加“是……的”框架后，尽管在语义上加强了肯定，但在语气上反而变得舒缓了。

3.3 关于“是……的”句（一）

对“是……的”句（一）人们也有许多论述，所谓“‘的’强调‘是’后”的说法是其中最为流行的观点。例如赵元任（1979）指出：“的”字可以指出意思里的重点，“一个用‘是……的’的句子常把逻辑谓语甩到动词以外的部分去，作用相当于英语的‘it is…that…’”。汤廷池（1985）干脆称之为“分裂句”（cleft sentense），它“把一个句子分裂为两段，以便把语义重心或强调的重点放在‘是’的后面。”黄国营（1982）认为：“‘的’配合‘是’指示语义重点”，这个重点可以在主语、在宾语、在状语，或“指示造成事态的原因”。

所谓“‘的’强调‘是’后”这种说法可能是来源于赵元任“‘的’可以指出意思里的重点”一语。应该说，赵先生的这种提法是不够确切的，因为“是……的”句（一）中的“的”是动态助词，它只能表示句中所叙的动作行为已在过去完成，却无法指出意思的重点。但赵先生的具体说明却是完全正确的，因为“是……的”句（一）确实有强调“‘是’后”焦点的作用，与英语分裂句的功能十分相近。

我们认为在“是……的”句（一）中，“的”是动态助词，表示动作已在过去完成；“是”是语气副词，起强调后面成分的作用。但是这个“是”不能重读，它的所谓强调作用也仅仅是说明它后面的成分是信息的焦点，应当重读，它所起的实际上是一种“焦点标记”的作用。例如“他是骑车来的”，这句话的焦点是“骑车”，“是”提示了这个焦点。

上面的分析表明，“是……的”句（一）中的“是”是一个语用标志，其基本作用是提示或指出句子的信息焦点。这种用法的形成是由于在书面语中需要有一个形式标志来提示焦点。人们常说“是……的”句（一）中的“的”是固定的，不能省略；而“是”是不固定的，可以省略，这也正是由于“是”是形式标志、“的”不是形式标志这个原因决定的。

吕必松（1982）不同意这种“‘的’强调‘是’后”的观点（按本文的理解，这种说法的正确含义应该是“‘是’提示焦点”），他说：“……一种意见认为，‘是……的’的作用是‘指出意思里的重点’。我们认为，这类句子固然有强调作用，但起强调作用或‘指出意思里的重点’的不是‘是……的’，而是表示时间、地点、方式等等的词语和说话时的语调。如果不用‘是……的’，句子所要强调的内容即强调的重点也是很清楚的。”“……是句中有关的词语和说话时的逻辑重音在起这种作用。”

我们认为吕先生的看法是有道理的，因为只要重音落在“有关的词语”上，即使没有“是……的”，句子所要强调的重点也的确是“很清楚的”。这一点完全符合语言事实。但这只是就口语中的情况而言；在书面语中，在不考虑语境的情况下，我们根据什么来确定重音的位置并进而把握句子的重点呢？拿“张先生昨天晚上到新竹去看李先生”这个句子来看，它的每个成分几乎都可以成为被强调的重点，重音也可以相应地在每个成分上出现，如果没有一个形式上的标志，句子要表达的重点就很难确定。而“是……的”框架正好起到了这个形式标志的作用，看到这个标志，我们就可以断定：“是”后的成分就是句子的重点，重音就应该放在这个位置上。汤廷池把“是……的”分别放在上面例句的不同位置上形成一组句子，充分说明了“是……的”的这种标志作用。这组句子是：

①是张先生昨天晚上到新竹去看李先生的。

②张先生是昨天晚上到新竹去看李先生的。

③张先生昨天晚上是到新竹去看李先生的。

④张先生昨天晚上到新竹是去看李先生的。

⑤张先生昨天晚上到新竹去是看李先生的。[①]

这些句子中的“是……的”框架不是恰恰提示了句子中的重点和重音，起到了一种焦点标记的作用吗？可见“是……的”框架是可以提示并指出“意思里的重点”的，但也仅仅限于“提示和指出”，真正表示意义重点的还是“有关的词语和逻辑重音”。

有一种看法认为，采用“是……的”框架是为了强调“是”后面的第一个成分，或者说“是……的”句（一）所强调的是“是”后边紧靠“是”的成分。这种看法大约是来源于吕叔湘“部分的加重，把要加重的部分紧接在‘是’字之后”一语。在“是……的”句（一）中，的确有很多句子是强调“是”后第一个成分的，特别是当“是……的”中间是状动结构或主谓结构的时候。例如：

A ①他是昨天来的。

②我是骑车去泰山的。

③这本书是去年出版的。

B ①这话是谁说的？

②海啸是台风引起的。

③这部影片是小陈导演的。

A组例句“是……的”中间是状动结构，B组例句“是……的”中间是主谓结构，它们都强调“是”后的第一个成分，即状语或施事。

但是我们也发现，在其他一些情况下“是……的”所强调的并不是或不仅是“是”后的第一个成分。这些情况主要包括：

（1）“是……的”之间是一个主谓结构，当它的主谓语之间带有状语时，句子所强调的一般是这个状语。例如“著名的《共产党宣言》就是他们共同起草的”“菜地是爷爷亲手开垦出来的”。

（2）“是……的”中间是一个状动结构，其中的状语又是两个并列的成分时，这两个成分都是被强调的成分。例如“他是在三年级快要毕业的时候，从别的学校转来的”“艾尔沙德是在严密的安全措施下，从他被软禁的地方弄到这家特别

① 注：转引自汪有序，1985。“是”后成分下的黑点系原文所加，表示强调。

法庭去的”。

（3）“是……的”中间的动词谓语前的几个成分之间有修饰关系时，修饰成分与被修饰成分都是被强调的成分。由于被修饰成分是中心语，所以它是主要的被强调部分。例如“郊区的农民，是五更天摸着黑起床，步行四五十里路赶来的”“他是从街上哭着回来的”。

（4）“是……的”中间本来是动宾结构，当“的”在宾语之前时，全句强调的是“的”后宾语。例如“他是学的历史”“我是买的录音机”。

可见，在这些情况下“是……的”所强调的都不是或不止是“是”后的第一个成分。

我们还可以根据有关“焦点”的理论来解释这种情况。句子的语义重点实际上也就是句子所传达的信息的焦点，而焦点可以由一个成分组成，也可以由一个以上成分组成。除上面第（2）点中的两个例子外，又如：

①前纪录是由美国选手李麦克雷 于1987年3月7日创造的。

②他们都是从几十里外 乘马或坐车来看我们的。

③这对连体婴儿，是去年12月25日，由河南省郑州市邙山区古荥乡卫生院给一位孕妇施行剖腹手术后取出的。

④近人研究认为，著名的大尾寒羊可能是通过“丝绸之路”，从中亚、近东通过新疆传入内地的。①

上述例句中的重点或焦点都不是“是”后的第一个成分，而是包括第一个成分在内的两个或三个成分。

3.4 “是……的”框架在两种“是……的”句中的异同

通过上面的分析我们认为，“是……的”框架在“是……的”句（一）中的性质与作用同它在“是……的”句（二）中的性质与作用有相同点，也有不同点。相同之处在于它在这两种句子中都是一种语用标记，起提示作用。不同之处在于，在“是……的”句（二）中，“是”“的”都是表示语气的虚词，可以视为一个整体结构；在“是……的”句（一）中，“是”是语气副词，起提示作用，“的”是动态助词，与提示作用无关，应当分开处理。

① 注：横线表示重点或焦点，横线的条数表示组成重点或焦点的成分的个数。

“是……的”框架具有标记作用，“是”字句中的“是”与“的”不具备这种功能，由此我们还可以将几个不同的“是”进一步区分开来：“是1”是一个句法成分，“是2”则主要是一个语用成分；“是3”虽然也可以看作一个语用成分，但它与“是2”有很大不同——“是2”不重读，其作用主要是提示，虽然名为语气副词，但实际上是一种语用标记；“是3”必须重读，是名符其实的语气副词，其作用主要是表达对已知内容的进一步强调、肯定和确认。

:: 参考文献 ::

卞觉非．论句子的本质与系词“是”[J]. 南京大学学报，1980(3).

柴世森．“是……的”句初探 [J]. 河北师院学报，1981(2).

范开泰．汉语语用分析三题 // 第一届国际汉语教学讨论会文选 [M]. 北京，1985.

方光焘．语法论稿 [M]. 江苏教育出版社，1990.

何思成．谈“是”的语法功能 [J]. 成都大学学报，1984(2).

黄国营．“的”字的句法、语义功能 [J]. 语言研究，1982(1).

李临定．现代汉语动词 [M]. 中国社会科学出版社，1990.

李　荣．语文论衡 [M]. 商务印书馆，1952.

刘小南．关于“是”的词性 [J]. 北方论丛，1979(3).

吕必松．关于“是……的”结构的几个问题 [J]. 语言教学与研究，1982(4).

吕叔湘．汉语语法分析问题 [M]. 商务印书馆，1979.

———．中国文法要略 [M]. 商务印书馆，1982.

蒲喜明．结构助词“的”还有另外三种用法 [J]. 陕西师范大学学报，1983(2).

宋玉柱．关于时间助词“的”和“来着”[J]. 中国语文，1981(4).

汤廷池．国语语法论集 [M]. 台湾学生书局，1985.

田小琳，等．《中学教学语法系统提要（试用）》问答 [J]. 语文教学通讯，1984（3）.

汪有序．怎样教学“是……的”？ // 第一届国际汉语教学讨论会论文选 [M]. 北京，1985.

王　力．中国文法中的系词 [J]. 清华学报，1937(12).

———. 汉语史稿（中册）[M]. 中华书局，1980.
———. 中国现代语法 [M]. 商务印书馆，1985.
张　静. “是”字综合研究 [M]. 河南人民出版社，1960.
———. 汉语语法问题 [M]. 中国社会科学出版社，1987.
张志公. 汉语语法常识（改订本）[M]. 上海教育出版社，1960.
赵淑华. 关于“是……的”句 [J]. 语言教学与研究，1979(1).
赵鲜秋. “是”字的沿革 [J]. 新疆师范大学学报，1989(1).
赵元任. 北京口语语法 [M] // 李荣，译. 开明书店，1952.
———. 汉语口语语法 [M] // 吕叔湘，译. 商务印书馆，1979.
朱德熙. 语法讲义 [M]. 商务印书馆，1982.
———. 说“的”[J]. 中国语文，1961(12).
———. 自指和转指：汉语名词化标记“的、者、所、之”的语法功能和语义功能 [J]. 方言，1983(1).
朱林清，等. 现代汉语格式初探 [M]. 天津人民出版社，1987.

第四届全国现代语言学研讨会论文
1993 年 10 月 15 ～ 18 日，北京

第八章 “是……的”句的计算机理解

引言

利用计算机在一个文本中提取某种类型的句子，目前已经是比较容易的事情。例如我们可以在一个指定的语料库文本中，通过检索关键词（key words）的方法来提取把字句、被字句、有字句和是字句。当然，运用这种方法提取的句子有可能只是带有“把”“被”“有”“是”等字样而实际上并不是把字句、被字句、有字句和是字句。下面的例句就属于这种情况：

①他派人去把守那个关卡。

②我捐献了一条崭新的被子。

③朴学在有清一代获得了长足发展。

④小战士回答一声“是”，转身跑出了指挥部。

上面几个句子显然不是我们所要提取的句子。但这种情况不是很多，总的来说影响不大。

如果用同样的方法来提取“是……的”句，情况就会大不相同，会提出大量似是而非的句子。其主要原因是：

(1)“是……的”句与以“的”字短语做宾语的“是”字句形式相同，字面上都带有“是……的”框架。例如：

A a. 他是一班的。

b. 那本书是图书馆的。

B a. 他是从南方来的。

b. 那本书是去年出版的。

这两组句子形式上都带有“是……的”框架，但A组例句是以“的”字短语做宾语的“是”字句（下文所说的“是”字句均指此类），B组例句是“是……的”句。要想使计算机在提取B组句子的同时识别并剔除A组例句，不输入一定的句法、语义信息是不可能的。

(2)“是……的”句的宾语既可以在“的”字之前，也可以在“的”字之后，“是”字句的宾语既可以由中心语不出现的“的”字短语充当，也可以由中心语出现的偏正短语充当。

例如：

C a. 他是语言学院的。→他是语言学院的学生。

b. 这是你的。→这是你的书。

D a. 他是在语言学院学汉语的。→他是在语言学院学的汉语。

b. 他是昨天买书的。→他是昨天买的书。

C组箭号右边例句的宾语是一个偏正短语，“的”是处于“偏”与“正”两部分之间的结构助词；D组箭号右边例句的宾语是一个光杆名词，“的”是附于动词之后的动态助词。这两组句子在形式上很接近，计算机对它们难以区别。

(3)“是……的”句内部存在两种情况，即“是……的”句（一）和“是……的”句（二）。

例如：

E a. 他是骑车去的。

b. 书是我借的。

F a. 他的手是很巧的。

b. 这本书是很有意思的。

E组例句是“是……的”句（一），“是”是副词，“的”是动态助词；F组例句是“是……的”句（二），“是”也是副词，“的”是语气助词。要进一步把这两种句子分开，计算机也是有困难的。

上述三个方面的问题，给利用计算机提取“是……的”句造成了很大的困难，这实际上是如何利用计算机分化同形句的问题。本节拟就这一问题谈一些初步的设想。

1. 从形式上分解“是……的”句

我们首先给语料库文本逐词标注词性。所谓从形式上分解“是……的”句，主要是根据文本的词性信息并利用某些句法信息，把在形式上带有“是……的”框架的“是……的”句（一）与“是……的”句（二）以及“是”字句区别开来。

1.1 根据“是……的”框架的性质分解“是……的”句

在两种“是……的”句和是字句中，“是……的”框架的性质是不同的：在“是……的”句（一）中“是……的”的性质是“副词……动态助词”，在“是……的”句（二）中“是……的”的性质是“副词……语气助词”，在是字句中“是……的”的性质是“动词……结构助词”。因此，计算机可以根据“是……的”框架的不同性质，具体来说是根据“是”“的”的不同性质来分别提取不同类型的句子。

运用这种方法的主要问题是，标注词性的人必须对各种与“是……的”框架有关的句子都非常清楚，人在标注词性时实际上已经对句子进行了分类，计算机只是发挥了检索功能，并没有自动分类的功能，所以这种方法并不理想。

1.2 根据“是……的”框架中间成分的性质分解“是……的”句

（1）当“是……的”中间是单个的名词、代词、动词、形容词时，句子是“是”字句。这是因为，当单个的名、代、动、形分别与后面的“的”组合时，这个“的”只能是表示转指的“的”，其功能“一是语法功能的转化，就是名词化；二是语义功能的转化”（朱德熙，1983）。这样，原来的动词、形容词、代词在新的组合中变成了名词，原来的名词变成了新的名词。这种“是＋名词”结构的句子当然只能是“是”字句。

例如：

①这本书是图书馆的。（“是……的”间是名词）

②那支笔是我的。（“是……的”间是代词）

③他的上衣是新的。（“是……的”间是形容词）

④我的自行车是借的。（“是……的”间是动词）

这几个句子都是“是”字句。

（2）当“是……的”中间是偏正结构的名词短语时，句子与上面的情况相同，也是“是”字句。例如：

①这个书包是我弟弟的。

②那本书是我们学校图书馆的。

（3）当“是……的”中间是偏正结构的形容词短语时，句子是“是……的”句（二）。例如：

①你的想法是十分新颖的。

②那幅画是非常漂亮的。

③这块表是很准的。

（4）当“是……的”中间是偏正结构的动词短语、连动结构的动词短语、主谓结构的动词短语时，句子是“是……的”句（一）。例如：

①我是今年毕业的。（“是……的”间是偏正结构的动词短语）

②书是从外文书店买的。（“是……的”间是偏正结构的动词短语）

③他是骑车来的。（“是……的”间是连动结构的动词短语）

④报纸是小王拿来的。（“是……的”间是主谓结构的动词短语）

（5）根据上述规则，计算机可以将三类句子区别开。在区分过程中，计算机不仅可以发挥检索功能，而且能够根据规则进行判断，起到一些智能化作用，代替人对“是……的”句及相关的“是”字句进行分类。这种方法显然是更为理想的。

但是，运用这种方法也存在一个问题，即计算机如何判断各种短语的类型？这就需要我们给出一些构成短语的组合规则，以便计算机根据这些规则来确定短语的类型。例如：

a. 名词 + 名词→联合 / 偏正结构的名词短语

b. 代词 + 名词→偏正结构的名词短语

c. 副词 + 形容词→偏正结构的形容词短语

d. 时间名词 + 动词→偏正结构的动词短语

e. 处所名词 + 动词→主谓结构的动词短语

f. 动词 + 动词→连动结构的动词短语

g. 名词 + 动词→主谓结构的动词短语

h. 代词 + 动词→主谓结构的动词短语

有了这些规则，计算机就可以对短语的类型加以判断。当然，在给出规则时要排除例外情况。便如“名词 + 名词”可以构成联合或偏正结构的名词短语，但也可以组成主谓结构的名词短语，例如“这人黄头发”“小王上海人”等。

（6）运用这种方法，我们还可以把偏正结构的名词短语做宾语的是字句与“的”在宾语之前的“是……的”句区别开。

在“是……的 + 名词”这种格式中，当“是……的”中间是名词、代词、形容词，及与之相应的名词短语、形容词短语，以及主谓结构和偏正结构的动词短语时，句子是“是”字句。例如：

①这是我的书。（“是……的”间是代词）

②那是学校的车。（“是……的”间是名词）

③这是个新颖的想法。（“是……的”间是形容词）

④那是我们邻居的孩子。（“是……的”间是偏正结构的名词短语）

⑤他是很著名的作家。（“是……的”间是偏正结构的形容词短语）

⑥那是他写的文章。（“是……的”间是主谓结构的动词短语）

⑦她是位很受欢迎的电影演员。（“是……的”间是偏正结构的动词短语）

当“是……的”中间是动词及偏正结构的动词短语和连动结构的动词短语时，句子是“是……的”句。例如：

⑧我是看的电影。（“是……的”间是动词）

⑨他是吃的饺子。（“是……的”间是动词）

⑩我是昨天买的词典。（“是……的”间是偏正结构的动词短语）

⑪ 他是骑车去的泰山。（“是……的”间是连动结构的动词短语）

需要注意的是，“是”字句和“是……的”句中间都可以加入偏正结构的动词短语，但前者仅限于“程度副词＋动宾短语”这种偏正结构的动词短语，如上面例⑦，又如“很有意思”“很长见识”“非常讲义气”等；后者则不能加入这种动词短语。

2. 从意义上分解“是……的”句

在“是……的”句中存在着一种歧义现象，即有些带有“是……的”框架的句子既可以看作是字句，又可以视为“是……的”句。例如：

A ①那是他写的。

②这是我哥哥寄来的。

③衣服是昨天买的。

④车是小王借的。

上面的句子都是歧义句。我们可以把它们视为是字句，相当于：

A′ ①那是他写的（书）。

②这是我哥哥寄来的（包裹）。

③衣服是昨天买的，（不是做的）。

④车是小王借的，（不是买的）。

还可以把它们看作“是……的”句，相当于：

A″ ①那（本书）是他写的。

②这（个包裹）是我哥哥寄来的。

③衣服是昨天买的，（不是今天买的）。

④车是小王借的，（不是小李借的）。

怎样把这种有歧义的句子与无歧义的句子区别开呢？我们认为可以根据动词的再分类加以区别。A组例句的动词含有“制成义”或“出现义”，具有这种意义的动词才可以构成歧义句；与此相反，具有“毁损义”和“消失义”的动词不能组成歧义句，而只能构成“是……的”句。例如：

B ①房是昨天拆的。

②油井是敌军破坏的。

③雪是盐水化的。

④手榴弹是我投的。

B 组①、②句动词含“毁损义”，③、④句动词有“消失义”，它们都不能构成歧义句。

根据歧义句与非歧义句动词意义上的这种特点，我们可以在计算机中把动词分别定义为“毁损消失义动词”和“制成出现义动词”，有前一类动词的句子是无歧义的“是……的”句，有后一类动词的句子是歧义句。计算机可据此自动进行辨别并分类。

3. 结语

在本文中，我们根据计算机的现有功能，提出了利用计算机分解“是……的”句的两种方法，即根据形式标志分解和从意义特征上分解。我们认为，根据一些规则，从形式上分解大部分带有“是……的”框架的句子是可能的；而从意义上可以把歧义句与某些非歧义句区分开。

当然，上述方法还只是设想，究竟能否实现以及实现的具体效果如何，还有待实践的检验。

至于如何判断一个有歧义的句子究竟是哪种句子，表达的到底是何种意义，这涉及语境问题，利用计算机做这一工作时机还不成熟。但是，几种带有“是……的”框架的句子的分解方法及过程和解决这一问题显然有密切关系，利用计算机分解“是……的”句的这种尝试对于解决这一问题无疑是会有所帮助的。

:: 参考文献 ::

朱德熙．自指和转指：汉语名词化标记“的、者、所、之”的语法功能和语义功能 [J]. 方言，1983(1).

原载《计算语言学研究与应用》

北京语言学院出版社，1993

下编　语段研究

第九章　有关语段研究的几个问题

1. 概念

“语段”也叫“句群”“句组”，是前后衔接连贯并有明晰中心意思的一组句子的组合。我们认为语段的基本特征有以下三点:（1）在形式上，语段是至少由两个句子构成、大于句子而一般小于段落的语言片段;（2）在意义上，组成一个语段的几个句子衔接连贯，共同表述一个完整明确的中心思想;（3）在作用上，语段是从句子到段落乃至篇章的中间站，对培养学生的成段表达能力具有十分重要的作用。

需要注意的是，人们对语段概念的理解不尽相同，特别是对语段上限的看法存在较大的差异。主要看法大致有三种:（1）语段一般不得大于段落（田小琳等，1984）;（2）“超出单句长度”的就是语段（陈平，1991）;（3）小语段可以组合成大语段，大语段还可以组合成更大的语段（邢福义，1997）。我们认为明确规定语段的上限对语段研究具有十分重要的意义，因为不把这个问题搞清楚，就不能正确区分语段和段落乃至篇章之间的界限，也就无法确定我们所研究的究竟是什么东西。

超出单句长度的当然不止语段，段落、篇章都远远超出了单句的范围，可见不能以“超出单句长度”作为界定语段的依据。而认为小语段可以不断组合成更大的语段也会带来一个很严重的问题，即我们根据什么认定我们所研究的是语段，而不是段落或篇章呢？因此我们必须明确指出：语段大于段落的情况虽然不是绝对没有，但那只是个别情况，应视为例外。就绝大多数情况来说，语段是小于段落的；当段落的内容含义比较单纯的时候，语段也有可能与段落重合。就一般情况而言，语段的上限至多到段落；换句话说，语段研究应当在段落的范围之内进行。

2. 意义

在对外汉语教学中，学生的成段表达效果不佳已经成为共识。究其原因，是我们在教学过程中忽视了语段教学（张宝林，1998）。

上世纪八十年代末期，特别是上世纪九十年代以来，人们对语段及语段教学进行了一些思考，已经在一定程度上认识到语段研究及语段教学的重要意义，不少学者和教师深切地感受到，在对外汉语教学中迫切需要引进语段教学。然而，对语段和语段教学的研究毕竟刚刚起步，教学实践上则“几乎还是一片空白”（吕必松，1994），更谈不到形成一套科学、系统、行之有效的进行语段教学的方法。究竟应该怎样进行语段教学，怎样才能有效地培养学生的成段表达能力，已经成为对外汉语教学的一个瓶颈，严重制约着对外汉语教学水平的提高。因此，对语段和语段教学的研究，其直接效益是可以提高学生的成段表达能力，而更为深远的意义则是可以提高对外汉语教学的水平，甚至孕育着对外汉语教学法的某种突破。

近年来在国外语用学、话语语言学研究的影响和推动下，语言学界对话语分析和篇章研究较为重视，对外汉语教学界也有这种重视篇章研究的趋势，这当然是很好的事情。但相比之下，对语段研究的重视程度还显得比较薄弱，对语段和语段教学的研究还没有真正开展起来。从对外汉语教学的实际情况和以往的经验教训来看，不真正解决语段及语段教学的问题，篇章及篇章教学的研究也就成了无源之水、无本之木，因为语段是从单句到篇章的中间环节和过渡阶段，跳过这个中间环节直接去搞篇章研究，其结果只能是事倍功半。正确认识语段和篇章的界限和两种研究的相互关系，对这两种研究都具有十分重要的意义。我们认为，语段有其内部结构，即一个语段内句子之间的组合结构；也有其外部结构，即语段与语段之间的组合结构。对语段内部结构的研究属于语段自身的研究，对语段外部结构的研究则属于篇章的研究。但语段又是段落和篇章的构成成分，对语段和语段教学的研究成果，又为篇章和篇章教学的研究奠定了坚实的基础，必将极大地促进篇章及篇章教学的研究。

3. 方法

上世纪八十年代我国语言学界，准确地说是母语教学界（包括中学语文教学和大学中文系的现代汉语教学），曾经对句群（也就是语段）进行过广泛的探讨，出现过一个“句群热”。但是这些研究还不够全面、不够深入（陆俭明，1993）。研究中涉及的种种问题，都还没有得到彻底解决。比如语段的界定和性质归属、语段的基本特征、语段的分类、语段的组合方式、语段和复句的转换及条件、语段的生成策略和心理过程等等，都还有进一步深入探讨的必要。

我们认为，研究方法对研究本身具有十分重要的意义，直接关系着研究的成败，因而有必要对研究方法进行探讨。

3.1　定量分析

为了对语段有一个比较深入、全面而客观的认识，必须在一定数量的语料范围内对语段进行穷尽性的定量分析。语段研究非常需要对数十万字的语料或数百乃至数千个语段进行考察，并在考察的基础上进行统计分析，以发现汉语语段的组合规律。这样的研究无疑会更加准确地反映汉语语段的真实面貌，具有更强的说服力。以往对语段的研究之所以不够深入，没有进行这种穷尽性的定量分析是一个重要的原因。

这种基于语料的定量分析需要注意两个问题：

（1）考察样本的数量要适度。样本过多不仅没有必要，而且会浪费宝贵的时间和精力；样本太少，又会失去统计的意义，难以说明问题。笔者曾用 135 个语段进行过一个小规模的实验性研究，发现汉语语段在组合方式上具有如下特征：a. 意合（借助语序直接组合）为主，形合（通过关联词语组合）为辅，意合与形合兼用的居于二者之间，占有相当的比重；b. 转折关系基本用形合，总分、并列、因果、解说等关系大多用意合；③每个语段都有一个语义中心，绝大多数语段的语义中心都有一个明显的表现形式，其中大部分采取了“话题句”(指位于语段之首、在语义上涵盖语段内各句之义的句子）的形式（张宝林，1997）。我们认为，这些发现无论对语段本体研究还是对语段教学都是很有意义的；但是我们也感到，考察的样本的数量还远远不够，因此所得出的结论究竟有多大的普遍意义还难以断定。

（2）样本的选取要客观，尽量避免主观性。因为研究者“挑选”出来的语段难免会带有个人的主观“好恶”，从而产生片面性，进而影响结论的可靠性和科学性。这就要求研究者在研究过程中，选取语料要广泛，而且必须把所选定的全部语料尽可能都分解成语段，并在此基础上进行考察、归纳、统计、分析，这样得出的研究结论，才有可能是科学的。

这种基于语料的量化分析还有一个很大的好处，就是能发现新情况，研究新问题。例如前人研究指出，语段的组合方式有形合与意合两种方式，而我们在上文提及的实验性研究中却发现，除形合与意合之外，还有大量的形合与意合两种组合方式兼用的语段。虽然这种组合方式也曾有人提及，却没做具体的说明，更没有进行统计分析（张宝林，1997）。笔者通过统计分析，不仅证实了这样一种组合方式的存在，而且发现这种方式是大量使用的。这个“大量”的具体含义是，在 135 个语段中有 43 个，约占 32%。如果不进行量化分析，我们是不可能对这种组合方式得到这样一个具体的认识并发现其具体的使用频度的。

3.2 个别研究

指对各种不同类型的语段分别进行研究。这样的研究显然有利于语段研究的不断深入。例如邢福义、邵敬敏先生都对疑问句群进行过专门研究：邢先生研究了选择问的句群形式（邢福义，1993），邵先生研究了疑问句群的语义关系（邵敬敏，1993）。两位先生不约而同地选取了疑问句群进行研究，我们当然还可以选取其他类型的语段进行研究。例如，可以从表达的角度，选择叙述语段、描写语段、议论语段、说明语段、抒情语段分别进行研究；也可以从结构关系的角度，选择表示转折、并列、递进、顺承、总分、因果、假设等关系的语段进行研究。通过对不同类型语段的个别考察，并且对这种个别考察的结果不断加以积累，我们就能对汉语语段形成一个较为全面、深入而客观的认识。

3.3 功能研究

对语段可以进行功能研究，即从表达功能的角度、以功能为纲、按照多种功能项目对语段进行研究。例如怎样表示感谢、怎样表示道歉、如何提出建议、如何取消建议等等。具体的研究方式有两种：(1) 先列出若干种功能项目，然后在一定语料范围内考察，每一种功能项目可以用哪些句子表示，这些句子是如何扩展组合成语段的；(2) 先划定一个语料范围，在此范围内考察一共有多少种功能项目，每种功能项目由何种类型的语段来表示，各种类型的语段又是如何组成的。两种研究方式各有所长，但不论用哪种方式进行研究，其结果都是殊途同归，都能使我们对语段形成一个正确的认识。

3.4 分文体研究

指对各种不同文体中的语段进行研究，例如记叙文、议论文、说明文、散文、新闻等。分文体研究语段的主要原因有二：(1) 进行语段研究常常会受到文体因素的影响。例如我们按照不同表达方式对所选语料进行统计分析时，叙述、描写、说明、议论、抒情等语段在所选语料中所占的比例，会因文体的不同而产生很大的差异。在以记叙文为主的语料中，叙述、描写语段无疑会占较大的比重；而以说明文或议论文为主的语料，则会含有更多的说明语段或议论语段。(2) 在不同文体的文章中，同一种表达方式的语段，其具体情况也很不相同。例如同是叙述语段，在记叙文中可能比较详细，属于具体叙述；而在议论文中则常常比较简略，属于概括叙述。因此，按不同文体对语段进行研究，不仅能更加全面、准确地揭示语段的面貌，而且有助于加深对不同文体的认识。

4. 切分语段的标准

进行语段研究首先要根据研究的目的收集语料，以避免研究的盲目性。收集语料需要考虑两个问题：（1）语料的性质类型，即所选语料是什么性质、何种类型的语料。如要研究叙述语段，当然要选取包含此种语段较多的记叙文作语料；研究议论语段，则自然要以议论文作语料。（2）语料的数量。研究不同类型的语段，使用的语料数量也不尽相同。研究某一种结构类型的语段，语料不一定需要很多；研究某一种表达方式的语段，语料就要多得多；研究某一种文体的语段，所需要的语料就更多了。例如研究转折、顺承、总分、因果等结构关系的语段，每种有几十或上百个语段作语料即可；而研究叙述语段、描写语段、议论语段、说明语段等，每一种都需要对数百个语段或数万字语料进行考察；至于研究记叙文、议论文、说明文等文体中的语段，每种文体更需要数千、甚至上万个语段或数十万字语料作为考察的对象。

选定语料之后，就要对语料进行分解，把全部语料切分成语段，为下一步的统计分析做好准备。而按照什么样的标准来进行切分，自然就成了一个十分关键的问题。

前人对语段多从以下几个角度进行切分：（1）根据关联词语切分；（2）根据某些句式切分；（3）根据中心句切分；（4）根据文体的结构特点切分；（5）根据句群和复句的变换切分；（6）根据语意的聚合切分（吴为章、田小琳，1984；曹政，1984；吴启主，1984）。我们认为，这些方法对于各种不同构成情况的语段来说，都有其使用价值；但根据笔者所做的实验性研究的情况看，上述（1）、（2）、（4）、（5）这几种方法的使用范围很小，因此其实用价值并不大。比方说，汉语中用形合（即通过关联词语）方式构成的语段数量并不多，在135个语段中只有17个，比例仅占12.6%。由此可见，真正使用第一种方法的机率很少。又比如，语段和复句的关系是一个有待研究的问题，究竟什么样的语段可以转换为复句，什么样的复句可以转换为语段，二者的转换究竟需要哪些条件，都还并不很清楚。既然如此，那么第五种方法的效果如何，自然也就大可怀疑了。

《中学教学语法系统提要（试用）》明确指出，句群“是前后衔接的一组句子。一个句群有一个明晰的中心意思”(人民教育出版社，1984)。由此我们认为，切分语段的标准有两个，一个是形式标准，一个是意义标准。

形式标准指语段的大小，即由两个或两个以上句子组成、大于句子而一般小于段落。所谓“一般小于段落”的含义是指，在大多数情况下小于段落，而当段落意义单一时也可以等于段落。语段大于段落的情况虽然不是绝对没有，但毕竟数量很少，应视为例外。

意义标准指语段的内容含义，即一个语段中的两个或几个句子共同表述一个明确的中心意思。上文第（3）、（6）个标准就属于意义标准。但“中心意思”是一个应用面很广的概念，除了一个句子只能说有“意思”而不能说有“中心意思”之外，不论是一个语段，还是一个段落，或是一个篇章、一部作品，都可以有中心意思。如此则语段的“中心意思”又何以区别于其他的“中心意思”呢？其关键在于，段落、篇章的中心意思可以分解为若干个更小的中心意思，而语段的中心意思却已经是最小的、绝不可以再分的中心意思了。中学语文教学在讲解课文的思想内容时，常常把一篇课文划分为几大部分，每一部分又包括若干个段落，而每个段落又常常可以划分为若干个层次，吴为章先生（1988）指出，这个“层次”就是语段。我们认为这样来理解语段是完全正确的，而且也较为容易把握。

在切分语段时，这两个方面的标准要配合使用、相辅相成、缺一不可。

下面看几个例子。

例1　小于段落的语段

①人到中年想什么？②不同的人有不同的人生态度，想金钱，想发财，想家庭，想安逸；这都是人之常情。③人到中年，不再逞强好胜，争名逐利，而是心平气和；既不清高也不自卑。④既不骄傲自大，也不自暴自弃；耐得住寂寞守得住清贫，抗得住诱惑，受得住委屈。⑤人到中年到底想什么？⑥王秀宇的回答是：中年是人生的加油站，要充分利用这生命的每一天，积累学识干一番事业。⑦他很累也很快乐，因为他在自己热爱的工作中找到了永远追求的坐标。(《北京晚报》2002-07-18）

这个段落由7个句子组成，可以分为3个语段。①、②两句构成一个一重的问答语段，说明一般中年人的想法。③、④两句构成一个一重的并列语段，说明中年人的一般特点。⑤、⑥、⑦三句构成一个二重的问答语段，说明王秀宇的想法和感受。这三个语段都和中年人的思想性格特点有关，因而可以组合成一个段落。

例 2　等于段落的语段

①在生活中，一定要让自己豁达些，因为豁达的自己才不至于钻入牛角尖，也才能乐观进取。②还要开朗些，因为开朗的自己才有可能把快乐带给别人，让生活中的气氛显得更加愉悦。(《读者》2004.1）

这首先是一个自然段落，同时也是由两个复句组成的一个一重的并列语段，表明人应该豁达、开朗这样一个中心意思，因而是一个语段。因其意义单纯，所以与段落是重合的。

例 3　大于段落的语段

①春天像刚落地的娃娃，从头到脚都是新的，它生长着。

②春天像小姑娘，花枝招展的，笑着，走着。

③春天像健壮的青年，有铁一般的胳膊和腰脚，领着我们上前去。

（朱自清《春》）

这三个段落用比喻的方法，表现了一个共同的意思，即“春天的勃勃生机”。在形式上它们的共同之处是，每个段落都是由一个句子（复句）组成的。因为三个段落表达的是一个中心意思，所以是一个语段。

综上所述，按照形式和意义两个标准，可以对语段进行切分。从上面三例及笔者所做的实验性研究来看，用这样两条标准切分语段，也是完全可行的。

5. 继承与创新

进行语段研究，应该而且必须充分利用现有的研究成果。

20 世纪 80 年代我国语言学界曾对语段（句群）进行过比较广泛而热烈的探讨，研究涉及了语段的概念、特点和分类，语段的截取方法和结构方式，语段与复句及段落的关系，语段教学对语言教学的意义和作用等多方面问题。虽然这些研究还不能完全解决应用及教学、特别是对外汉语教学中的问题，但仍为我们留下了较为丰富的遗产，为今天的研究提供了一个较高的起点。我们的研究应当充分利用这些成果，在此基础上进行更加深入的研究。例如语段的组合方式问题，最早对语段（句群）进行研究的黎锦熙先生就已经指出，有形式结合法和意合法（黎锦熙、刘世儒，1962），我们应当研究的则是这两种组合方式的具体使用情况是怎样的、各占多大比例、除此之外还有没有其他组合方式等等。

近二十年来，国内外语用学研究、话语分析研究取得了十分丰硕的成果，为语段研究提供了理论上的指导。特别是话语衔接照应及省略方面的研究成果，对语段研究具有十分重要的指导意义。

20 世纪 90 年代前期，北京语言大学先后研制了"汉语中介语语料库系统"和"现代汉语研究语料库"；今天，我们又在研制"HSK 动态作文语料库"；其他学校或单位已经建成或在建的语料库也很多。每个语料库都包括数百万字、上千万字的成段或成篇语料，为语段和语段教学的研究提供了极为丰富的素材。使用这些语料库中的语料进行语段研究，不仅可以省去我们查找、复制、保存语料的繁琐工作和时间精力，从而使我们能够直接投入到实际的研究工作之中去，而且能使我们运用计算机这样先进的科学技术手段从事研究，通过在语料中进行标注的方法，用计算机进行检索统计，从而提高统计的准确性，并大大提高我们的研究速度和工作效率。

可以说，在研究中充分运用现代化研究手段和大规模语料，是我们在前人研究的基础上，有所前进、有所创新的基本保证。

∷ 参考文献 ∷

曹　政 . 句群初探 [M]. 浙江教育出版社，1984.

陈　平 . 现代语言学研究——理论、方法与事实 [M]. 重庆出版社，1991.

黎锦熙、刘世儒 . 汉语语法教材（第三编）[M]. 商务印书馆，1962.

陆俭明 . 八十年代中国语法研究 [M]. 商务印书馆，1993.

吕必松 . 对外汉语教学语法探索・序 // 吕文华 . 对外汉语教学语法探索 [M]. 语文出版社，1994.

人民教育出版社中学语文室．中学教学语法系统提要（试用）[J]. 语文教学通讯，1984(3).
邵敬敏．疑问句群语义关系分析 [J]. 第四届全国现代语言学研讨会论文，北京，1993 年 10 月．
田小琳，等．《中学教学语法系统提要（试用）》问答 [J]. 语文教学通讯，1984(3).
吴启主．句群研究简论 [J]. 湖南师范学院学报，1984(2).
吴为章．句群与表达 [M]. 中国物资出版社，1988.
吴为章、田小琳．句群 [M]. 上海教育出版社，1984．
邢福义．选择问的句群形式 [J]. 汉语学习，1993(6).
———．汉语语法学 [M]. 东北师范大学出版社，1997.
张宝林．语段组合特征考察 [J]. 语言文化教学研究集刊（第二辑）. 华语教学出版社，1997.
———．语段教学的回顾与展望 [J]. 语言教学与研究，1998(2).
张志公，主编．现代汉语（中册）[M]. 人民教育出版社，1982.

原载《语言文化教学研究集刊》(第三辑)
华文教育出版社，1999
原题《语段研究三题》，收入本书时有改动

第十章　语段组合特征考察

引言

"语段"又称"句群""句组"，是一组前后衔接连贯并有一个明晰的中心意思的句子。（田小琳等，1984）其组合方式有形合与意合，即形式结合法和意合法，也有人称之为关联组合和直接组合（张志公，1982），或借助关联词语组合和借助语序组合（吴为章、田小琳，1984），是语段组合的两种基本方式。自黎锦熙、刘世儒（1962）首次提出这两种分法之后，学术界基本上沿袭了这种观点。本文在这种观点基础上，在限定语料范围内进行考察，试图通过具体的量化分析发现语段组合的一些规律，以促进对外汉语教学中的语段教学。

本文以《高级汉语教程》（姜德梧主编，北京语言学院出版社，1990）为语料来源，随机选取了135个语段作为考察对象。选取语段的标准是：（1）结构上至少由两个句子组成，大于句子而小于或等于段落；（2）语义上几个句子衔接连贯，共同表述一个完整明确的中心思想。考察项目包括：（1）组合手段，即依靠关联词语组合还是依靠语序组合；（2）结构关系，即并列、递进、总分、顺承、因果、转折等;(3)表述功能，即叙述、描写、议论、说明。本文首先对选出的全部语段，按照上述3个项目逐一进行考察，然后分类归纳，进行统计分析，并对有关问题进行一些探讨。

本文所述关联词语既包括虚词，如连词、副词，也包括某些实词，如时间词、处所词、代词等。

1.不同组合方式的使用频度

1.1 意合为主，形合为辅，意合与形合兼用的占很大比重

在本文选定的135个语段中，用意合方式组织起来的最多，共有75个，占全部语段的55.6%。其中包括叙述语段25个，描写语段12个，议论语段19个，说明语段18个，其他语段1个。而用形合方式组织起来的语段最少，只有17个，占全部语段的12.6%。其中有7个叙述语段，8个议论语段，1个说明语段，1个其他语段。此外还有意合与形合兼用的语段43个，占语段总数的31.9%。其中有叙述语段12个，描写语段3个，议论语段8个，说明语段18个，其他语段2个。上述数据可归纳为“组合方式使用频度表”(见表1)。

表1 组合方式使用频度表

	意合	形合	形意兼用	合计
叙述	25	7	12	44
描写	12	0	3	15
议论	19	8	8	35
说明	18	1	18	37
其他	1	1	2	4
合计	75	17	43	135

从上面的统计中可见：

(1)虽然语段的组合方式有意合与形合两种，但就汉语的实际情况而言，意合与形合的比例约为4.4:1，因此意合是汉语语段的主要组合方式，形合则是次要的组合方式。

(2)形合与意合兼用的组合方式在语段中大量存在，广泛使用。前人论及语

段的组合方式只说形合与意合，在人们的观念中也常常以为一个语段或用关联词语组合，或借助语序直接组合，一般意识不到这种形合与意合兼用的组合方式。因此这种组合方式应当引起我们的高度重视。我们认为，为了研究与教学方便，不妨把它作为一种基本的组合方式来看待。

（3）人们常常认为议论文多用关联词语组织语段，上面的统计却表明，用意合方式组合的议论语段比用形合组织的语段多得多，具体比例约为 2.4:1。

（4）描写语段数量很少，只占全部语段的 11.1%。

需要说明的是，叙述、描写、议论、说明等表达方式所占比例应与文体有关。由于本文所用语料多来源于记叙性文章，故未能对不同文体的表达方式进行全面考察。对此，笔者拟另文专述。

1.2 转折多用形合，总分、并列、因果等多用意合

对上述材料做进一步分析，我们发现句与句之间按各种结构关系进行组合时，使用形合与意合的情况存在很大差异。甚至在形合与意合兼用的语段中，使用形合与意合的情况也很不相同。具体情况如下：

（1）形合语段中包含的结构关系及该种结构关系使用形合方式的次数为：①转折关系：4；②顺承关系：4；③并列关系：4；④递进关系：3；⑤因果关系：2；⑥总分关系：2；⑦解说关系：1；⑧问答关系：1。

（2）意合语段中包含的结构关系及该种结构关系使用意合方式的次数为：①并列关系：37；②因果关系：20；③总分关系：15；④递进关系：9；⑤顺承关系：4；⑥解说关系：4。（3 次及 3 次以下的结构组合情况从略。）

（3）意合与形合兼用的语段中包含的结构关系及该种结构关系使用形合或意合方式的次数。a. 使用意合方式的次数为：①并列关系：18；②因果关系：15；③解说关系：7；④递进关系：6；⑤总分关系：5；⑥顺承关系：4；⑦问答关系：4；⑧补充关系：4；⑨分总关系：4；⑩转折关系：1；⑪ 假设关系：1。b. 使用形合方式的次数为：①转折关系：18；②顺承关系：6；③因果关系：5；④递进关系：5；⑤并列关系：4；⑥解说关系：4；⑦分总关系：3。

我们对上述有共同结构关系的数据进行统计对比，计算出各种结构关系使用形合与意合的频度比例，并据此比例对各种结构关系使用不同组合方式的概率进行了判定。结果见“各种结构关系使用形合与意合的频度比较表”(表 2)。

表 2　各种结构关系使用形合与意合的频度比较表

	意合	形合	形意兼用		合计		比例	组合方式
			意合	形合	意合	形合	意合　形合	
转折	0	4	1	18	1	22	1:22	基本形合
并列	46	4	18	4	64	8	8:1	意合为主
因果	31	2	15	5	46	7	6.6:1	意合为主
总分	17	2	5	0	22	2	11:1	基本意合
递进	12	3	6	5	18	8	2.3:1	意合较多
解说	9	1	7	3	16	4	4:1	意合为主
顺承	4	4	4	6	8	10	4:5	基本均衡
合计	119	20	56	41	175	61	2.9:1	意合为主

从表 2 可见：

（1）转折关系除个别情况外，全部用形合方式组合。

（2）与转折关系相反，总分关系除个别情况外，全用意合方式组合。

（3）并列关系、因果关系、解说关系使用意合方式组合的比例也很高（从 4:1 到 8:1），都是以意合方式为主的结构类型。

（4）递进关系用意合与形合的比例差别虽不很高，但使用意合的频度仍明显多于形合（2.3:1）。

（5）顺承关系使用两种方式的频度大致相等，没有什么明显的倾向性。

（6）综观上述数据资料，各种结构关系组合的总趋势是意合。意合的确是汉语组织语段的基本方式。

从表 2 还可以看到，与用意合方式组织语段的总趋势相背离，转折关系呈现出一种完全相反的倾向，表现出十分鲜明的个性特征。究其原因，主要是转折关系所联系的前后两个部分在语义上不是顺接，而是逆转，其意义上的距离较远，跨度较大，如果不用表示转折关系的关联词语加以衔接，前后两个部分就会失去联系，变成互不相关的两个独立的部分。例如：

例 1　“①是贵。②这东西不能吃，不能喝，一块钱一盆也不便宜。③可是老大爷，人各一爱。④自己心爱的东西，讲什么贵贱呀？……”（《花市》）

例 2　①野花野草，什么形状也有，什么颜色也有，挨挨挤挤，芊芊莽莽，要把巉岩的山石装扮起来。②连我上了一点岁数的人，也学小孩子，掐了一把，直到花朵和叶子全蔫了，才带着抱歉的心情，丢在山涧里，随水漂去。③但是把人的心灵带到一种崇高的境界的，却是那些“吸翠霞而夭矫”的松树。……(《雨中登泰山》)

例 1 是卖花姑娘回答老年顾客的话。①句先承认对方观点“花贵”，②句进一步指出为什么说花贵。两句之间是顺承关系，没用任何关联词语，句间关系十分清楚。但③句意思发生逆转，需用转折连词“可是”进行连接。如无此连词，①、②句与③句之间就会失去内在联系，无法组成一个完整的语段，倒好像是两个人说的话了。④句在意义上承接③句，也无须用关联词语。

例 2 的①、②句间是顺承关系，未用关联词语；②、③句之间是转折关系，由于使用连词“但是”和副词“却”，转折意味强，结构关系明确。若没有这两个关联词语，那么①、②句与③句也就会变成互不相关的两句话，不能再构成一个语段。而因果、并列、总分、解说等结构却无此问题，由于在语义上顺承而下，跨度小，距离近，不论是否用关联词语，其前后关系都很清楚，不会发生变化。

2. 语义中心的表现形式

我们选取语段的标准之一是，语段内的几个句子必须共同表述一个明确的中心意思。换句话说，一个语段必有一个语义中心。我们在研究中发现，语段的这个语义中心有如下几种表现形式：

（1）话题句表示，在全部 135 个语段中有 99 个，占 73.3%。（本文所谓“话题句”指位于语段之首、在语义上包容语段内各句之义的句子、分句或名词性词语。）其中又有四种情况：①语段首句为话题句，99 个语段中 74 个属于此类；②语段首句的第一分句为话题句，此类语段有 20 个；③语段首句的主语为话题句，只有 2 个；④语段首句宾语为话题句，有 3 个。

（2）本有话题句，但已承上文而省略。这种情况数量最少，只有 5 个，占全部语段的 3.7%。

（3）用中心句表示，共 13 个，占全部语段的 9.6%。（本文所谓“中心句”

虽然也体现整个语段的基本意思，但与话题句有明确的界限：话题句必在语段之首，中心句只在语段的中间或末尾。）也分两种情况：①中心句在语段中间，有8个；②中心句在语段末尾，有5个。

（4）没有明显的表现形式，语义中心需读者自己概括。这种语段共18个，占全部语段的13.3%。（例见下文）

上述情况可以归纳为“语义中心表现形式表”（见表3）。

表3　语义中心表现形式表

<table>
<tr><td rowspan="2">有话题句</td><td>首句</td><td>首句—分句</td><td>首句主语</td><td>首句宾语</td><td>合计</td></tr>
<tr><td>74</td><td>20</td><td>2</td><td>3</td><td>99</td></tr>
<tr><td>话题省略</td><td colspan="4">5</td><td>5</td></tr>
<tr><td rowspan="2">有中心句</td><td colspan="2">在语段中间</td><td colspan="2">在语段末尾</td><td></td></tr>
<tr><td colspan="2">8</td><td colspan="2">5</td><td>13</td></tr>
<tr><td>需要概括</td><td colspan="4">18</td><td>18</td></tr>
</table>

从表3可见，包括有话题句语段、话题句省略语段和有中心句语段在内的绝大多数（87%以上）语段，其语义中心都有一个明确的表现形式；大多数语段（73%以上）的语义表现形式都可以在语段的第一句之内找到；一半以上（55%）语段首句就是语义中心。因此就整体而言，可以说汉语语段是一种比较易于理解、也较为便于组织的语言形式。例如：

例3　①我这回在鲁镇所见的人们中，改变之大，可以说无过于她的了：②五年前的花白的头发，即今已经全白，全不像四十上下的人；脸上瘦削不堪，黄中带黑，而且消尽了先前悲哀的神色，仿佛是木刻似的；只有那眼珠间或一轮，还可以表示她是一个活物。③她一手提着竹篮，内中一个破碗，空的；一手拄着一支比她更长的竹杆，下端开了裂：她分明已经纯乎是一个乞丐了。（《祝福》）

例4　我算看透了，你们男人什么都好，又能挣钱，又能花钱的。可是就是一样，不懂得爱情，爱情的伟大，伟大的爱情，——（《日出》）

例5　如此过了小一年子。沈大爷的身子骨日见其坏。先是颧骨上泛出青灰色，接着腮帮子向里凹陷，身架子眼瞅着往下掉肉。（《我是一个零》）

例6　安乐林围墙上开了个月亮门儿，门头砖额上刻着三个经石峪体的大字，像那么回事。走进去，只有巴掌大的一块地方，有几十棵杨树。当中种了两

棵丁香花，一棵白丁香，一棵紫丁香，这就是仅有的观赏植物了。(《安乐居》)

例3的第①句是话题句，是整个语段的语义中心，说明祥林嫂变化很大。②、③两句分别从面部和全身对人物进行外貌描写，具体说明人物的变化。因此，只要抓住第一句，整个语段之义即可了如指掌。例4第1句的第1分句“我算看透了”是话题句，“你们男人什么都好”和“不懂得爱情”都是“看透了”的内容。例5的第2句是中心句，概述沈大爷的身体状况，后一句则是详述。抓住中心句，全段意义也就清楚了。例6没有明确的话题句，可以概括为“安乐林的布局”。

那么，汉语语段为什么会呈现出这样一种语义中心明显的面貌呢？美国学者Li and Thompson（1976）指出，汉语是注重主题的语言（topic-prominent），英语是注重主语的语言（subject-prominent），日语是主语和主题都注重的语言（both subject-prominent and topic-prominent），菲律宾语是主语和主题都不注重的语言（neither topic-prominent nor subject-prominent）。主题是谈话的中心，是确定的，总是位于句首，以引起人们的注意。曹逢甫（1995）进一步指出，主题是语段概念，常常可以将其语义范围扩展到一个句子以上。“引领主题串的主题在语义上是主题串各句里抽出来的公分母。”上述分析明确指出了汉语的类型学特征，准确地揭示了主题在语段中的重要作用：由于主题是从“各句里抽出来的公分母”，在语义上涵盖了语段中各句的意义，所以它才能成为语段的语义中心。郑锦全（1988）认为“主题”是句本位的概念，“话题”是篇章概念。但我们认为郑锦全的“篇章话题”和“话题延续”包含了大于语段的语言形式，在理解上反不如曹逢甫的解释清晰明确。我们虽也使用“话题句”这个术语，但其含义是指位于语段最前端的、在语义上包容整个语段意义的一个句子、一个分句或一个名词性词语，也可以称作“语段话题”，指能在语义上限定一个语段范围的“管领词语”。（廖秋忠，1992）

3. 语段教学的设想

3.1　通过考察，我们发现了汉语语段组合方面的三个基本特征：

（1）意合为主，形合为辅，形合与意合兼用的组合方式居于二者之间，占有相当比重；

（2）转折关系基本用形合，总分、并列、因果、解说等关系大多用意合；

（3）绝大多数语段的语义中心都有一个明显的表现形式，其中大部分采取了话题句的形式。

语段组合的这些特征对我们进行语段教学具有重要意义：根据特征（1），我们在指导学生进行语段表达训练时，应以意合方式作为组织语段的主要方式，兼用其他两种方式。根据特征（2），在训练中遇到转折关系时，可以要求学生一律采用形合方式；遇到总分、并列、因果、解说等关系时，则要求学生首先选用意合方式。根据特征（3），可以训练学生在组织语段时首先用一句话表明自己的基本看法，然后再做具体阐述。

3.2　语段的具体结构方式有横式、纵式、纵横交错式等三种方式，进行语段表达训练也可以采用这三种方式。

（1）横式，指按照总分结构方式进行语段表达训练。先用一个话题句说明观点，然后从不同角度加以分述。例如：

例7　我觉得打台球是一项很好的体育运动。打台球可以训练你的观察能力和动作的准确性，你会深切地体会到“差之毫厘，谬之千里”的深刻含义。它还能训练脑、眼、手的协调性和配合能力，使你进入“神随目移，手随心动”的境界。对心理稳定性的培养和训练，尤其是台球运动的精妙所在。一个技术精湛但心理素质欠佳的球员，常常会在比赛中败下阵来。（自拟）

第1句是话题句，后面几句是分述。

（2）纵式，指按照顺承结构方式进行语段表达训练。用话题句说明观点或指明事物，然后依次叙述人物行动。例如：

例8　他不愧是一个台球高手。只见他走到台桌前，默默观察了一下球势，选定了一个红色球。然后俯下身子，左手成马鞍状轻轻放在桌面上，右手球杆轻轻搭住左手。把白色主球、红色球和左底袋瞄在一条直线上，稳了稳神。然后非常果断地一杆击出，只见红色球应声落入网袋。（自拟）

第1句是话题句，后面是接叙。

（3）纵横交错式，指把横式和纵式结合起来进行语段表达训练。（详见下文）

我们还可以把上述训练方式概括为结构框架进行语段表达训练。下面仅列出纵横交错式语段的结构框架，并举例说明。

纵横交错式结构框架：

总述（话题句）：分述一：顺承句一——顺承句二——顺承句三

分述二：顺承句一——顺承句二——顺承句三

分述三：顺承句一——顺承句二——顺承句三

注：连接分述句或顺承句时，遇转折关系用形合，遇总分、并列、因果等关系时用意合。

例 9 “①茶叶种类不同，泡法也不一样。②要泡红茶、青茶，特别是紧压茶，非用滚沸的开水不出香味。③然而要泡绿茶，就不能这样了。④‘狮峰雨前’是龙井的上品，属于芽幼叶嫩的高级绿茶，这就必须把开水凉到七十度左右再泡，而且不必加盖。⑤否则，不但叶子会闷黄，其味也就香而不清、馥而不醇了。”(《品茶》)

例 9 的①句与②、③句是横式结构，其中①句是总述、话题句，说明茶叶的泡法是因茶而异的；②、③两句是分述，分别说明两类茶的不同泡法。①、②两句语义上顺承连接，中间未用关联词语；②、③两句之间意义上发生逆转，所以用转折连词进行连接。③、④、⑤句之间是纵式结构，是顺承句，具体讲述龙井茶的泡法，并进而指出不依法泡茶的后果。③、④句间是顺承关系，未用关联词语；④、⑤句间是转折关系，故用连词“否则”连接。

其他结构形式当然也可以概括为类似框架进行训练。

我们认为，通过这样的训练，学生的语段表达能力必将得到更大、更快的提高。

:: 参考文献 ::

Li Charles N. and Sandra A. Thompson 1976, Subject and Topic: A New Typology of Language, Subject and Topic, Academic Press, New York.

曹逢甫. 主题在汉语中的功能研究——迈向语段分析的第一步 [M]. 语文出版社，1995.

黎锦熙、刘世儒．汉语语法教材（第三编）[M]. 商务印书馆，1962.
廖秋忠．篇章中的管界问题 // 廖秋忠文集 [M]. 北京语言学院出版社，1992.
田小琳，等．《中学教学语法系统提要（试用）》问答 [J]. 语文教学通讯，1984(3).
吴为章、田小琳．句群 [M]. 上海教育出版社，1984.
张志公．现代汉语（中册）(试用本)[M]. 人民教育出版社，1982.
郑锦全．通信本位汉语篇章语法 [J]. 世界汉语教学，1988(1).

原载《语言文化教学研究集刊》(第四辑)
华文教育出版社，2000
原题《语段概观》，收入本书时有改动

第十一章　语义中心的获取及表现形式

引言

对外汉语教学中有一个引人注目且耐人寻味的现象：学生经过一段时间的学习之后，单句表达可以做到基本正确，而成段表达则存在严重问题。究其原因，是在教学过程中忽视了语段教学（张宝林，1998）。

进入90年代以来，人们已经在一定程度上认识到语段教学的重要意义，在教学实践上也进行了一些探索。然而，对语段教学的研究毕竟刚刚起步，还远未形成一套科学、系统、行之有效的语段教学的方法。究竟应该怎样进行语段教学，怎样才能有效地培养学生的成段表达能力，已经成为对外汉语教学，特别是中高级对外汉语教学中的一个迫切需要解决的问题。

进行语段教学有赖于对语段本身的研究。20世纪80年代我国语言学界曾经对句群（即语段）进行过广泛的探讨，出现过一个“句群热”。但这些探讨还是“初步的、表面的”。（陆俭明，1993：3）研究中涉及的种种问题，都还没有得到彻底解决；研究方法上，则缺乏在较大规模语料范围内进行穷尽性的定量分析。

本章在上述学术背景下，讨论语段中语义中心的构成要素、提取方法及表现形式问题。

对若干相关概念的理解：

语段，指比句子大一级的语法单位，是由前后衔接连贯并有一个明晰的中心意思的一组句子构成的语言片断，又称为“句群”“句组”。

语义，指一个语段所表达的内容含义。语义中心，指“各个结构成分表达的意思所朝向的中心”（沈开木，1987：155），是一个语段的中心意思。

句子，其标志是句终标点，如句号、问号、叹号等。一个语段中有几个句终标点就有几个句子。

语段的切分标准包括两个方面，一个是形式方面，一个是意义方面。

形式方面指语段的大小，即由两个或两个以上句子组成、大于句子而一般小于段落。所谓“小于段落”包括小于和等于段落两种情况。语段大于段落的情况很少，应视为例外。

意义方面指语段的内容含义，即一个语段中的几个句子共同表述一个明确的中心意思。所谓“中心意思”是一个应用面很广的概念，语段的中心意思是最小的、绝不可以再分的中心意思。在分析一个含义较为复杂的段落时可以把它分为若干个层次，这个“层次”也就是语段。（吴为章、田小琳，2000：12）

在切分语段时，这两个方面的标准是要配合使用、缺一不可的。

1. 语义中心的构成要素

一个语段中的几个句子，在意义上是共同表述一个完整明确的中心思想的。因此，组成语段的所有句子都和语义中心有关，都是为表现语义中心服务的。但是在表现语义中心时，并不是所有的句子所起的作用都相同，而是有着很大的差异的。例如：

①人生不可能没有弯路，关键是处在弯路之中，如何认识自己。在短短的一生中是否每日都全神贯注于自己所领悟的东西与所认定的目标，诚心诚意地对待自己的每一天、每一刻。（《人民日报》1998）

这个语段由两个句子组成，前面一句既交待了所谈论的问题，即“人生的道路”问题；又表明了对这一问题的基本看法，即“关键是处在弯路之中，如何认识自己”。而后面一句则是对前句意思上的具体阐述、展开、补充。

②“我五哥打这儿就养起红点颏儿来。一年之后，就把这个小东西调教地甭提多出息了。您就瞧那骨架：立腔儿，葫芦身儿；再瞧那毛色：茶褐里透着虾青的背儿，银灰里泛着象牙白的肚儿，唯独下颏儿底下指甲盖儿大小那么一块儿，红得像八月里蒸透了壳儿的团脐螃蟹子，润得像四月里腌满了油儿的鸭蛋黄儿。再添上那对不慌、不愣、另有一股神气的眼睛，两道清霜似的眉子——诌句文词儿吧，真称得上‘神清骨峻！’要是那小蜡嘴儿微微一张，略偏着头儿，小不溜儿地那么一哨，嘿，真是五音出口，百鸟儿压言！”(韩少华《红点颏儿》)

这个语段共有五个句子，第一句说明所谈论的对象、事由是“五哥开始养红点颏儿”；第二句表明说话人的基本看法“五哥把红点颏儿养得甭提多出息了”；三至五句则分别从“骨架”“毛色”“眼睛”“眉毛”“哨音”等几个方面展开第二句，说明“红点颏儿”到底是怎么有“出息”的。

③第二天老胡修好眼镜，要到集镇上办伙食。娃娃兵一哄而上，闹着要和他一起去。可那是个刚开辟的新区，敌情复杂。瞎老胡说：“谁也不许去，都在家好好练功。”说完对我使了个眼色，便拿上家伙独自走了。(刘林《瞎老胡》)

这个语段也是由五个句子组成的。第一个句子说明事由，即“老胡要到集镇上办伙食”；第二、三、四句说明老胡不让大家跟他去及其原因，为第五句做铺垫；第五句表明老胡的意愿，通过“使眼色”的方式，让“我”跟他一起去。

上述三例表明，从意义上分析，一个语段是由三类句子组成的：第一类句子交代语段所谈论的问题、对象或事由，是由一个句子充当的；第二类句子表现语段的基本意思、意愿、态度、看法，也由一个句子担任；第三类句子是对第二类句子的阐述、说明、拓展、补充或铺垫，可以由一个句子或多个句子体现。我们可以把第一类句子称为“话题句”或简称“话题”，把第二类句子称为“中心句”，而把第三类句子称为“支撑句”或“扩展句”。

这三类句子都与语段的语义中心有关，但从揭示和展现语义中心的作用这一角度来看，话题可以帮助我们把握一个语段谈论的是什么人、什么事或什么问题，中心句可以使我们明了语段的基本意愿、观点或态度，可见这两类句子与语义中心的关系更为密切一些。二者相较，中心句又是直接表现语段的中心意思的句子，因此应该将其视为体现语义中心的最基本成分，是构成语义中心的最根本要素。

需要指出的是，必须正确认识话题与中心句的相互关系。一方面，“话题”对于准确地判定一个语段的中心句具有十分重要的意义，“主题是语段概念，大致相当于所讨论的东西”，“主题名词组在主题串中是所有句子的公分母，即是所有句子谈论的对象”。（曹逢甫，1995：10、115）① 另一方面，话题又不能取代中心句的作用，“话题句只提供有关话题的事物，只有说明才能提出话题重心”（郑锦全，1988）。话题只是语段谈论的对象，而语段的中心意思则是要靠后面的“说明”、特别是中心句来揭示的。如果不认清这一点，就有可能把话题误认为是中心句。例如：

怎样进行监督？党有党纪，政有政纪，国有国法。违反党纪的，归党的组织管，由党的纪律检查机关去处理。违反政纪的，归政府管，由政府的监督机关去处理。违法犯罪的，归司法机关管。公民在法律面前一律平等，这是我国社会主义法制的一条根本原则，已经写进宪法。不论是谁，党员、非党员，领导干部、普通公民，只要违法犯罪，都要依法惩处。

有学者认为，这个语段的中心句是第一句：“怎样进行监督？”（吴为章，1988：69）我们以为，这句话其实只是以问句的形式交待出话题，第二句“党有党纪，政有政纪，国有国法”回答了话题所提出的问题，它才是表明整个语段主旨的中心句；第三句至第七句都是具体阐述第二句的扩展句。

2. 语义中心的提取方法

2.1 从确认中心句入手把握语义中心

我们曾对包括记叙文和议论文两种体裁的 1000 个语段进行考察，并作了相应的统计分析（详见下文 4.2）。根据我们的统计，没有中心句的语段在记叙文语料中占 6.36%，在议论文语料中仅占 2.4%，由此可见，绝大多数语段都有中心句。而中心句就是语段中“直接说出”中心意思的一句话。（吴为章、田小琳，1984：68）因此我们只要在一个语段中找到了中心句，也就把握住了它的语义中

① 曹逢甫是从句子的角度出发来谈论“主题”的，但其具体解说与我们对话题的理解完全相同。

心。寻找中心句的过程实际上就是在语段中剔除扩展句及话题句的过程，属于一种压缩信息的方法，而信息的压缩实际上也是语义中心的获取方法。（沈开木，1996：16）例如：

④我在省文联开会时碰到王贞丽。但我从未和她提起那些无聊的传闻，也没向她探问过什么。直到现在，我也不愿对这个过程作任何主观猜测，我只是相信，我对他们所得到的幸福的理解，是任何其他人所不能相比的。（刘林《瞎老胡》）

这是一个省略了话题"关于老胡和王贞丽的传闻"的语段，第一、二句，乃至第三句的前一个分句，说明"我"对这些传闻的态度是不闻不问不猜测，都是扩展句；第三句的后一个分句"我只是相信，我对他们所得到的幸福的理解，是任何其他人所不能相比的"，揭示了"我"为什么会是那样的一种态度，是中心句。找到了这个中心句，我们也就理解了这个语段的语义中心：老胡和王贞丽得到了幸福的婚姻。

⑤我全当没听见，只管用干毛巾为他擦身上的冰水，帮他穿衣。当卫生员的，什么没见过啊？（唐栋《兵车行》）

这个语段写的是一个女卫生员为赤身下水发动汽车的司机擦去冰水的情况，前句是做法，后句是原因。显而易见，这个语段强调的是原因，因此后句是中心句。抓住这个中心句，前句的做法也就有了内在的依据，女卫生员"敬业爱人"的精神境界也就表现出来了。

2.2 从不同类型语段的结构规律入手把握语义中心

有些结构类型的语段在表现语义中心的方式方面有一些不同的特点，了解这些特点对于把握语义中心具有重要作用。

（1）总分语段

总分语段是使用率较高的一种语段，又可以细分为总分、分总、总分总三种结构，其中总分结构前句多为话题和中心句或仅为中心句（当话题承前省略时），分总结构后句多为中心句，总分总结构则多是前句为话题，末句为中心句。例如：

⑥社会上众说纷纭，越传越荒唐。有的说：王贞丽精神苦闷，看电影时偶然

认识了看门人。甚至有的还说：王贞丽失恋后跳河自杀，被一个素不相识的姓胡的老头救了……（刘林《瞎老胡》）

⑦白茫茫，白茫茫，好像全世界的冰雪都汇集到了这里。曲曲弯弯的盘山公路，紧贴着悬崖峭壁朝上绕呀绕呀，一头钻进了天。难怪叫它天神大坂，大概是天将神兵难以逾越的意思吧。（唐栋《兵车行》）

⑧山路上，山坡上，密密麻麻的聚着一大群土匪。拿着大刀梭标的，背着步枪的，有的戴国民党军帽，有的缠包头却穿着我们的破军装。杂七乱八，杀气腾腾，一眼望去足有二三百人。（刘林《瞎老胡》）

例⑥是总分结构，第一句指出社会上的传闻多且荒唐，是中心句；“王贞丽嫁给瞎老胡”这件事是话题，已承前省略。例⑦是分总结构，前两句分述雪和路的情况，末句是在前两句的基础上得出的结论，是中心句。例⑧是总分总结构，首句交代山路、山坡上的情况，是话题；第二句分述土匪们的武器衣着，末句是总结概括，为中心句。

（2）因果语段

因果语段也可以分为两种，一种是前果后因的，这种语段语意重点在释因，故而中心句多在后句。另一种是前因后果的，有的是强调原因，有的则是强调结果；强调原因的中心句在前句，强调结果的中心句为后句。（邢福义，1991：398）例如：

⑨“司令员，你先别夸。那不是咱们的人，借来的。”（刘林《瞎老胡》）

⑩ 树很少，少到那座山上有几棵什么树，老乡们都记得清清楚楚；只有打新窑或是做棺木的时候，才放倒一两棵。碗口粗的柏树就稀罕得不得了。要是谁能做上一口薄柏木板的棺材，大伙儿就都佩服，方圆几十里内都会传开。（史铁生《我的遥远的清平湾》）

⑪“杠头”转身，给自己那个挂在枝头的笼子套上布罩儿。众人也都把各自的一一套好了。林子里，一时鸦雀无声。（韩少华《红点颏儿》）

例⑨是前果后因，后句“借来的”是前句“你先别夸”的原因，是强调的重点，是中心句。例⑩、例⑪都是前因后果，但前者强调原因，第一句的第一个分句“树很少”是中心句；后者强调结果“林子里，一时鸦雀无声”，后句是中心句。

（3）解说语段

解说语段可以分为解证和解说两种情况，前者通过“摆事实”的方法举例证明；后者则是用“讲道理”的方式进行解释说明，并不举例。这两种情况的中心句都在前句。例如：

⑫ 春秋距今两千多年了，陕北的文化很古老，就像黄河。譬如，陕北话中有好些很文的字眼：“喊”不说“喊”，要说“呐喊”；香菜，叫芫荽；“骗人”也不说“骗人”，叫作“玄谎”……连最没文化的老婆儿也会用“酝酿”这词儿。（史铁生《我的遥远的清平湾》）

⑬ 那水势，在漆黑的夜晚，真真吓人！车灯一照，白花花，浪滔滔，碎玻璃似的冰块，哗地涌上浪尖，又轰地钻进漩涡，眨眼间冲出老远。远山中午融化的雪水，夜里正赶到这儿。暴涨的冰河！（唐栋《兵车行》）

例 ⑫ 是解证语段，第一句指出“陕北的文化很古老”，是中心句，后边几句以陕北话中一些“很文的”词儿为例加以证明。例 ⑬ 是解说语段，第一句“水势吓人”是中心句，后面具体描绘水的情状，以说明其何以“吓人”。

（4）问答语段

问答语段总是用问句、或是在问句中提出话题，而以答句为中心句，或是在答句中给出中心句。例如：

⑭“杠头”听到这儿，就紧逼了一句：

“什么鸟儿？”

“红、点、颏儿！”

“梆子”一字一顿，把话生给撂下了！（韩少华《红点颏儿》）

⑮“可以过吗？这么大的水。”我问，连声音都在打颤。

“没问题，我这是巡逻车，马力大。”他满有把握地说。（唐栋《兵车行》）

例 ⑭ 以问句为话题，以答句为中心句。例 ⑮ 以前句中“我”的第一个句子“可以过吗？”为话题，以后句中的第一个分句“没问题”为中心句。

（5）转折语段

转折语段前面的句子表达一定的意思后，后面的句子不是顺着前面的意思说下去，而是在意思上发生了转折和变化，表达的是说话人的真正的、主要的观点，因而后面的句子是中心句。例如：

⑯ 有时我在想，也许上天太垂青绵阳这片土地，使绵阳人干一件事情，总

干得那么激奋人心，那么漂亮出色。但仔细一想，其实绵阳同其他地方环境和条件并没有什么两样，关键是绵阳人的素质，形成了一个不断追求、不断进取、不断创新、不甘平庸和落后的社会群体意识。(《人民日报》1998）

这也是由两个句子组成的语段，话题“绵阳人取得的种种成绩”已承前省略。前句先提出一个看法，推测取得成绩的原因是“上天垂青”的结果。后句又否定了前面的推测，提出了另外的观点。后句是中心句。

2.3 “蕴涵式”语义中心需要进行概括

有一种语段只是在首句提供了话题，但是并没有一个表明语义中心的中心句。这种语段的语义中心是“蕴涵式”的，而“任何语义中心，不管是属于明示式还是属于蕴涵式，都得进行概括”(沈开木，1996：333-336)。我们认为，明示式的语义中心无需概括，因为它已经“明示”出来了，只要指出这个“明示”的中心句就足以把握语义中心了。而蕴涵式语义中心则需要进行概括，而且概括一定要全面。例如：

⑰ 天快黑的时候，进山寻野菜的孩子们也都回村了，大的拉着小的，小的扯着更小的，每人的臂弯里都挜着个小篮儿，装的苦菜、苋菜，或者小蒜、蘑菇……孩子们跟在牛群后面，“叽叽嘎嘎”地吵，争抢着把牛粪撮回窑里去。(史铁生《我的遥远的清平湾》)

像这样的一个语段，如果我们把“孩子们回村了”视为中心句，那显然不够全面，因而是不恰当的。因为这里所讲述的并不仅仅是“回村”，而是“回村”时的具体情景，所以要经过对内容的全面概括才能提取出语义中心。我们可以把这个语段的语义中心概括为“孩子们傍晚回村时的情景”，或者“山村暮归图”。

3. 语义中心的表现形式

3.1 表现形式的种类

语段在表示语义中心时，大多采取了“话题”和“中心句”的形式。但话题和中心句的具体安排，在不同的语段中是并不相同的。据我们考察，最常见、最主要的有下面几种。

（1）首句提供话题，末句是中心句。

⑱ 突然，车轮顶上了一块大石头，突突了几下，熄火了。立刻，冰块撞击着车体，水从门缝直往驾驶室灌，我惊慌得叫了起来。（唐栋《兵车行》）

前句说明突然发生的情况，是话题；后句表明突发情况的严重后果，是强调的重点，为中心句。

（2）首句既提供话题，又是中心句。

⑲ 就发展而言，目前，国有企业正面临改革的压力，三资企业也受到东南亚金融危机的波及，拉动经济的力量都有所削弱，活力不减的非公经济无疑成为一个经济增长点和地方政府确保发展速度的方面军。广东为确保全省经济增长目标实现而出台的6项措施中，就包括发展非公企业。（《人民日报》1998）

前句指出非公经济在目前形势下所起的巨大作用，后句以广东省的情况为例说明前句。因此，整个语段的话题和中心都是前句。

（3）首句提供话题，首句和末句之外的其他句子为中心句。

⑳ 他下河看了看路线，然后一块一块地搬开并不怎么碍路的石头，这才慢慢地慢慢地把车开过了河。我可是给急坏了，车子本来就跑不起来，还这样磨磨蹭蹭地耽误时间，上官星的病……我想起那天过河的情景，他，会不会是自那以后病倒的呢？（唐栋《兵车行》）

首句“他下河”一句说明当时的情况，是话题；第二句“我可是给急坏了……”说明“我”在当时情况下的所思所感，是中心句；第三句“我想起……”是扩展句，起连起下文的过渡作用。

（4）首句提供了话题，但是并无中心句。

㉑ 又见五爷提起那“五蝠献瑞”的细巧笼门，一手朝里一招，那小东西就“忒儿”的一声，振翅飞了出来，飘然落到主人中指尖儿上，翘首凝神，似有所待；主人另一只手早摸出个小蜘蛛来，往这手掌上一撒。眨眼功夫，那小精灵一纵身，小嘴儿只一点，那虫子就没影儿了。他把脖子一扬，红润润的下颏儿微微一震，又哨了起来，还不时地向主人递着混合了得意、娇嗔、期望等各样情绪的眼色 ......（韩少华《红点颏儿》）

“五爷提起那‘五蝠献瑞’的细巧笼门”是后面一系列动作的起点，是话题；后面几句叙述人和鸟的动作，是扩展句；但并没有揭示全段主旨的中心句。

（5）话题承前省略，末句为中心句。所谓“话题承前省略”是说本来是有话题的，但因上文已经出现，为使行文简洁而省去了。

㉒“杠头”一时闭口无言。“寿眉”依旧含笑不语。赤红脸儿呢，听得口呆目瞪，半天才缓过口气来似的：“哎哟嗬……敢情这养鸟儿，还有这么大的学问哪！”（韩少华《红点颏儿》）

“杠头”“寿眉”两句是扩展句，“赤红脸儿”的一句话为中心句，前面“梆子”说的话是话题，但已省略了。

（6）话题承前省略，首句是中心句。

㉓“同志，请开快一点。”我急了，又一次催促道。（唐栋《兵车行》）

前句“同志，请开快一点”表示了这个语段的基本意思，是中心句；后句是对“我”说这句话时情况的简要说明，是扩展句；话题“司机开车太慢”已省略。

（7）话题承前省略，首句及末句之外的其他句子为中心句。

㉔“老总，这是说哪儿的话？我是支援解放军，才忍痛原价收进原价让出。这年头，十八块一担还收不进来哪。”（刘林《瞎老胡》）

这是米店老板回答瞎老胡的话，第二句“我是支援解放军……”表明其“本意”，为中心句；一、三句两句说明相关情况，为扩展句；前面瞎老胡说的话为话题，已省略。

3.2 语义中心表现形式的统计分析

我们曾对 6 万 5 千多字的记叙文语料和 10 万多字的议论文语料进行穷尽性考察，共切分出 503 个记叙文语段和 500 个议论文语段，并逐一分析它们的语义中心的表现形式。在我们对这 1003 个语段所做的分析、考察和统计中，上面七种形式的使用频率分别为：

第（1）种形式用得最多，在 503 个记叙文语段中，有 226 个采用这种方式，约占记叙文语段总数的 44.93%；在 500 个议论文语段中，有 216 个，占议论文语段总数的 43.2%。

第（2）种形式有 90 个记叙文语段，约占 17.89%；在议论文语段中则有 142

个，占 28.4%。

第（3）种形式记叙文语段中共有 80 个，约占 15.9%；议论文语段中有 74 个，占 14.8%。

第（4）种形式记叙文中共有 32 个，约占 6.36%；议论文中只有 12 个，占 2.4%。

第（5）种形式记叙文中有 25 个，约占 4.97%；议论文中只有 5 个，占 1%。

第（6）种形式记叙文中有 20 个，约占 3.98%；议论文中有 26 个，占 5.2%。

第（7）种形式情况记叙文中有 13 个，约占 2.58%；议论文中只有 1 个，占 0.2%。

上述前三种（1）~（3）形式中的每一种，在记叙文语料中所占比例均超过 15%，在议论文语料中所占比例均超过 14.8%；三种形式相加，在记叙文语料中约占语段总数的 78.72%，在议论文语料中则占到 86.4%。后四种（4）~（7）中的每一种所占比例均未达到语段总数的 7%，四种相加，在记叙文语料中所占比例不到 18%，在议论文语料中所占比例不到 9%。

把前三种表现形式和后三种（5）~（7）表现形式加以对比，可以明显地看到两点：a. 二者比例悬殊，前三种形式的使用频率远远高于后三种形式；b. 二者结构基本相同，后三种只是由于上下文的关系而省略了话题，后三种形式实际上只不过是前三种形式的变化形式，或称之为“变式”。

由此我们有理由认为，前三种形式是语义中心最主要的表现形式；从语段教学的角度来看，这三种形式无疑应该作为最主要的教学内容。

4. 结语

4.1　本文从确认中心句、不同类型语段的结构规律、“蕴涵式”语义中心的特点等三个角度出发，提出了把握语义中心的 3 种方法；在计量分析的基础上，归纳出语义中心的 7 种主要的表现形式。这些研究结果可以在一定程度上深化对语段的认识，并可以直接应用于对外汉语教学实践，从而对语段教学产生一定的促进作用。

4.2　语段主要采取“话题”和“中心句”的形式来表现其语义中心，其中最主要的是从“话题”到“中心句”的形式。这种结构方式符合表达和理解的基本规律，最便于人们交流思想感情，因而是最为合理的。

不论表达还是理解，其实质都是一个信息传递的过程：表达是信息的编码和发送，理解是信息的接收和解码。人们在交谈的时候，总要从一个双方都有所了解的话题开始，逐步补充一些各自知道的新情况，最后表明彼此的看法和主张。谈话从开始到结束，也正是一个从已知到未知，又从未知到彼此相知的过程。而话题正是叙述的起点，是描述的事物或现象，是已知的信息；扩展句及中心句则是对叙述对象的说明，表示新的信息；中心句又是叙述的核心，是最为重要的内容。（王福祥，1989：17-20）①

归根结底，是人的思维规律、认识规律决定了语义中心的这种表现方式。

这也正是语段的语义中心采取“话题—中心句”这种表现形式的根本原因。

:: 参考文献 ::

曹逢甫．主题在汉语中的功能研究——迈向语段分析的第一步 [M]. 语文出版社，1995.

陆俭明．八十年代中国语法研究 [M]. 商务印书馆，1993.

沈开木．句段分析 [M]. 语文出版社，1987.

———．现代汉语话语语言学 [M]. 商务印书馆，1996.

王福祥．汉语话语语言学初探 [M]. 商务印书馆，1989.

吴为章．句群与表达 [M]. 中国物资出版社，1988.

吴为章、田小琳．句群 [M]. 上海教育出版社，1984.

———、———. 汉语句群 [M]. 商务印书馆，2000.

邢福义，主编．现代汉语 [M]. 高等教育出版社，1991.

张宝林．语段教学的回顾与展望 [J]. 语言教学与研究，1998(2).

郑锦全．通信本位汉语篇章语法 [J]. 世界汉语教学，1988(1).

原载《语言教学与研究》2001 年第 3 期

① 王福祥用的是“主题”和“述题”这样两个概念，说的是单句的实际切分问题，但与我们此处所说的道理是相通的。

第十二章　语段综合考察报告

引言

考察目的

对汉语语段的整体情况进行比较全面的考察，为语段教学提供参考并奠定一定基础。

语段的概念

“语段”是前后衔接连贯并有明晰的中心意思的一组句子的组合。语段在形式上具有超句性，在意义上具有完整性，对培养成段表达能力具有重要作用（参本书第九章《有关语段研究的几个问题》）。

研究方法

采用定量分析的方法，在一定数量的语料范围内进行穷尽性的分析考察。在考察过程中，把所选定的全部语料尽可能都分解成语段，并在此基础上进行观察、归纳、统计、分析，以求得出科学的研究结论。

对语段的考察从七个方面进行：

（1）语段的功能性质，如叙述、议论、说明等；

（2）语段与段落的关系，即大于语段，还是等于语段或小于语段；

（3）语段的内部层次，如一重语段、二重语段、三重语段等；

（4）语段内句与句之间的结构关系，如并列、因果、递进、转折等；

（5）语段的组合方式，如形合与意合；

（6）语段的结构类型，如“总分—并列”“因果—解说—顺承”等；

（7）语段的语义中心的表现形式，即语段的中心意思是如何表现出来的。

语料

对记叙文和议论文两种文体的共约 1000 个语段进行考察。

选取语料的标准是语言规范的记叙性和议论性作品。在记叙性作品方面，我们认为小说最为典型，但要避免作者使用语言的个人风格对研究工作的影响，不宜只用一个作者的作品做语料。由于我们此次考察记叙文部分预定选取 500 个语段作为考察对象，因此我们选取了不同作者的四篇中篇小说，分别进行穷尽性分析，共得出 503 个语段，作为考察的基本材料。这四篇中篇小说是:《我的遥远的清平湾》(以下简称《清平湾》，史铁生著)，《红点颏儿》(韩少华著)，《瞎老胡》(刘林著)，《兵车行》(唐栋著)，四篇合计约六万字。

议论文语段的语料主要来源于《人民日报》(海外版，1998 年 4 月—11 月；共有 430 个语段，约 90460 字)，以及《瞭望》周刊（1997 年第 34、35 期；共有 70 个语段，约 14860 字）上的部分议论性文章。

记叙文，议论文两部分合计 1003 个语段，约 165300 字。

本文得出的结论均为在上述语料范围之内进行考察的结果。

语段的切分标准

切分语段的标准是形式标准 + 意义标准。这两个方面的标准配合使用、相辅相成（参《有关语段研究的几个问题》)。

语段结构的描述方法

对语段结构的描述是按照语段内句与句之间的结构关系进行的，例如并列、递进、转折、因果、条件、总分、解证等。我们认为，考察语段的内部构成情况、归纳语段的结构框架，用结构关系来描述语段内的句间组合情况最为方便。此外，语段内句子之间的各种结构关系，与复句内分句之间的结构关系基本相同，易于理解接受，在教学上可以减轻学生的学习负担。

这种所谓“结构关系”也包含着语义方面的含义，是一种“结构—语义”关系。我们在“结构关系”中提出了一些新的结构，也正是基于这样一种认识。

1. 考察结果

1.1　语段的功能性质

所谓“功能性质”指不同语段所具有的不同的表述功能，是根据语段在段落、篇章中所起的不同作用进行划分的。语言的表述功能一般分为叙述、描写、议论、说明、抒情等五种，但我们在研究中发现，所谓“抒情”基本上都是通过叙述、描写或议论等方式进行的，即使是所谓的“直接抒情”也不例外。例如常常被人们用来作为直接抒情例证的《谁是最可爱的人》的前三个自然段，前两段是通过叙述来抒情，第三段则是通过议论进行抒情，都很难说是“直接”抒情。所以我们把“抒情”分别归入叙述、描写、议论等几种语段，而不把它单独列为一种语段。

我们还发现，疑问语段和问答语段在形式上或由两个以上的疑问句组成，或由问句和答句组成；在意义上或是单纯提出问题，或是就某一问题进行问答，在形式和意义两方面都有其显著的特点，在表达上也很有其实用价值。所以把这两种语段分别单独列出，与叙述语段、描写语段、议论语段、说明语段相并列，共计有六种语段。例如：

例 1　叙述语段

有一回我半夜起来去喂牛，借着一缕淡淡的月光，摸进草窑。刚要揽草，忽然从草堆里站起两个人来，吓得我头皮发麻，不禁喊了一声，把那两个人也吓得够呛。一个岁数大些的连忙说：“别怕，我们是好人。”破老汉提着个马灯跑了来，以为是有了狼。(《清平湾》)

例 2　议论语段

“‘人有人言，鸟有鸟语。’这鸟语人言，本该各说各的，两便。可也不知哪朝哪代出了个高招儿，非要死乞白赖地逼着雀鸟儿口吐人言不解。其实呢，世间

万物，注重‘自然’二字，最好。”(《红点颏儿》)

例3 说明语段

北方的黄牛一般分为蒙古牛和华北牛。华北牛中要数秦川牛和南阳牛最好，个儿大，肩峰很高，劲儿足。华北牛和蒙古牛杂交的牛更漂亮，犄角向前弯去，顶架也厉害，而且皮实、好养。(《清平湾》)

例4 描写语段

“我五哥打这儿就养起红点颏儿来。一年之后，就把这个小东西调教地甭提多出息了。您就瞧那骨架：立腔儿，葫芦身儿；再瞧那毛色：茶褐里透着虾青的背儿，银灰里泛着象牙白的肚儿，唯独下颏儿底下指甲盖儿大小那么一块儿，红得像八月里蒸透了壳儿的团脐螃蟹子，润得像四月里腌满了油儿的鸭蛋黄儿。再添上那对不慌、不愣、另有一股神气的眼睛，两道清霜似的眉子——诌句文词儿吧，真称得上‘神清骨峻！’要是那小蜡嘴儿微微一张，略偏着头儿，小不溜儿地那么一哨，嘿，真是五音出口，百鸟儿压言！”(《红点颏儿》)

例5 问答语段

“啊，那……耽误了病员怎么办？”

“别急。不怕慢，只怕站，我们就这样不停地走，误不了事。”(《兵车行》)

例6 疑问语段

“你是想起什么来了？这些日子每天帮厨？”(《瞎老胡》)

下面的“语段统计数据之一（记叙文）”是六种语段在各篇作品中的数量及在四篇作品中总的数量。

表1 语段统计数据之一（记叙文）：各种功能的语段数量

	《清平湾》	《红点颏儿》	《瞎老胡》	《兵车行》	合计	百分比
叙述	82	72	92	79	325	64.61%
议论	4	24	28	26	82	16.3%
说明	14	16	11	10	51	10.14%
描写	1	2	2	5	10	1.99%
问答	3	3	1	22	29	5.77%
疑问	0	1	3	2	6	1.19%
合计	104	118	137	144	503	100%

从上表可见，叙述语段在各篇作品中都是数量最多的，而叙述、议论、说明三项相加，在语段总数中比例高达91.05%，后面三项则不足9%。描写语段和疑问语段都不足2%，几乎可以忽略不计。

各篇作品中各种语段的数量与不同作者使用语言的个人风格有密切关系。例如《清平湾》娓娓道来，不尚议论，除对某些情况做些说明之外，全是平实地讲述故事，因而在叙述以下，只有说明语段稍多一点儿，其他语段都很少，疑问语段则根本没有。而《兵车行》段落多很短小，且有不少人物之间的对话，与其他三篇作品相比，问答语段数量要多得多（这一点在下面“语段与段落的关系”一节中还有表现）。我们在考察中虽然力图避免作者在语言方面的个人风格的影响，但作者的个人风格总是客观存在的，很难完全避免。

议论文中各种语段的数量见下表。

表2　语段统计数据之一（议论文）：各种功能的语段数量

	议论文语料	百分比
议论语段	401	80.2%
说明语段	91	18.2%
叙述语段	7	1.4%
疑问语段	1	0.2%
合计	500	100%

从表中首先可以明显地看到，在议论文语段中没有描写及问答语段，叙述及疑问语段也少到可以忽略的程度；绝大多数是议论语段，一小部分是说明语段，两项合计占98.4%。

把上述两表加以对照，可以清楚地看到：记叙文主要由叙述语段以及议论和说明语段构成，议论文则主要由议论语段以及说明语段构成。

1.2　语段与段落的关系

在以往的研究中，人们对语段概念的理解不尽相同，特别是对语段上限的看法存在较大的差异，并涉及语段与段落的关系问题。主要看法大致有三种：（1）语段一般不得大于段落（田小琳等，1984）；（2）“超出单句长度”的就是语段（陈平，1991）；（3）小语段可以组合成大语段，大语段还可以组合成更大的语段（邢福义，1997）。我们认为，超出单句长度的除语段之外，还有段落、篇章，因而不能以“超出单句长度”作为界定语段的依据。而认为小语段可以不断组合成更大的语段也会混淆语段、段落及篇章之间的界限。我们认为，就一般情况而言，语段应当小于段落；当段落的内容含义比较单纯的时候，语段也可以与段落重合。语段大于段落的情况属个别情况，应视为例外。语段的上限至多到段落；语段研究应当在段落的范围之内进行。

在这次考察过程中，我们发现在语段和段落之间，存在着如下面“语段统计数据之二”所示的情况。

表 3　语段统计数据之二（记叙文）：语段与段落的关系

	《清平湾》		《红点颏儿》		《瞎老胡》		《兵车行》		合计	
	数量	百分比	数量	百分比	数量	百分比	数量	百分比	数量	百分比
小于段落	83	79.8%	26	22%	19	13.9%	12	8.3%	140	28%
等于段落	18	17.3%	76	64.4%	117	85.4%	101	70.1%	312	62%
大于段落	3	2.9%	16	13.6%	1	0.7%	31	21.5%	51	10%
合计	104	100%	118	100%	137	100%	144	100%	503	100%

表 4　语段统计数据之二（议论文）：语段与段落的关系

	议论语段		说明语段		叙述语段		疑问语段		合计	
	数量	百分比	数量	百分比	数量	百分比	数量	百分比	数量	百分比
小于段落	143	35.66%	8	8.79%	6		1		158	31.6%
等于段落	256	63.84%	83	91.21%	1		0		340	68%
大于段落	2	0.5%	0		0		0		2	0.4%
合计	401	100%	91	100%	7		1		500	100%

从上述两表的情况看，不论是在记叙文，还是在议论文中，等于段落的语段都是最多的，而且比例十分接近，都在 60% ～ 70% 之间；小于段落的语段位居第二，都在 30% 上下，比例也很接近；大于段落的语段在两种文体中虽然都数量最少，但在比例上存在很大差异，在议论文中可以忽略不计，在记叙文中却绝不可以忽视。

仅就记叙文的情况看，《清平湾》的情况与我们上面提出的看法完全吻合，小于段落的语段在该文全部 104 个语段中占 79.8%，等于段落的占 17.3%，大于段落的只有2.9%。但在后三篇作品中，等于段落的语段分别占到64.4%、85.4%、70.1%，在全部四篇作品中占62%；而小于段落的语段所占比例则分别缩小为22%、13.9%、8.3%，在四篇作品中总的比例为28%。另一方面，大于段落的语段在《红点颏儿》占到13.6%，在《兵车行》中占到21.5%，在全部四篇作品中也占语段总数的10%，很难以“个别情况”“例外”视之。

之所以会出现这种情况，仍然是作者运用语言的个人习惯的影响，例如《清平湾》一文中的段落较长，即使是问答句也是把一连串问答放在一个段落之中，故而大于段落的语段很少；后三篇作品中则有很多含义单纯的小段落，所以等于段落的语段迅速增加，占到了全部语段的大多数。大于段落的语段基本上都是问答语段，在《红点颏儿》和《兵车行》中这种问句为一个自然段、答句为一个自然段的语段较多，例如《兵车行》中的一个语段，问句为“你会？”，答句是“学呗。”，一共才四个字，但它却分为两个自然段，是一个大于段落的语段。

另一方面，面对这样的语言事实，我们也应该修正一下我们的认识，主要有两点：一是将“就一般情况而言，语段应当小于段落；当段落的内容含义比较单纯的时候，语段也可以与段落重合”改为“就一般情况而言，语段小于或等于段落”，以提高等于段落的语段的地位；二是把“语段大于段落的情况属个别情况，应视为例外”改为“语段大于段落的情况相对而言很少”。最后一句也应相应地改为，“语段的上限一般到段落，语段研究一般应当在段落的范围之内进行。”

1.3 语段的内部层次

语段的内部层次可分为一重语段和多重语段，一重语段内部只有一个结构层次，也可以称为简单语段；多重语段内部有两个或两个以上结构层次，也可以叫做复杂语段。例如：

例1 人生不可能没有弯路，关键是处在弯路之中，如何认识自己。/在短短的一生中是否每日都全神贯注于自己所领悟的东西与所认定的目标，诚心诚意地对待自己的每一天、每一刻。（一重语段，《人民日报》）

例2 山路上，山坡上，密密麻麻的聚着一大群土匪。/拿着大刀梭标的，背着步枪的，有的戴国民党军帽，有的缠包头却穿着我们的破军装。//杂七乱八，杀气腾腾，一眼望去足有二三百人。（二重语段，《瞎老胡》）

例3 我还记得最后一次大会是在饭堂召开的。/瞎老胡交待了那么大的数目，还是过不了关，因为总得说明钱的下落吧。// 要说是花掉了，他又编不出如何挥霍的；要说是藏起来了，他又说不出埋钱的地点。/// 追来追去，瞎老胡只好又回到原来的说法："钱都花到队里了，我只有一本良心帐。我从没私自动过一文钱。你们问问团里的老兵们，他们知道钱到哪儿去了。"（三重语段，《瞎老胡》）

例 4 这次反走私联合行动和专项斗争，要抓好三个环节：/ 一要迅速刹住走私歪风，制止新的走私案件发生。//// 为此，要继续贯彻"海上抓、岸边堵、口岸查、市场管、处罚严"的缉私工作方针，做到打防结合。/// 二要彻底查处已发生的走私案件，狠狠打击走私犯罪分子，要依法杀一批人，杀一儆百，震慑走私势力，教育干部群众。/// 三要综合治理，标本兼治，从根本上解决打击走私乏力的问题。// 总之，要在全国形成打击走私、防范走私的新局面。（四重语段，《人民日报》）

例 5 记得我都当小兵班班长了，还是那么淘气。/ 每逢夜行军，总忍不住要捉弄他。// 本来是溜平的大路，我故意一跳。///// 他以为是过沟，也连忙使劲跳。/// 走着走着，我一步步蹲下身子。///// 瞎老胡以为是下陡坡，忙用脚尖小心地向前探，嘴里还慌着叫："小刘，我怎么找不着坡？"//// 逗得大家哈哈笑。（五重语段，《瞎老胡》）

在我们考察的 503 个记叙文语段和 500 个议论文语段中，一重语段均数量最多，分别达到 206 个和 195 个。而且在语段的数量和结构层次之间存在一种反比关系，即层次越少的语段数量越多，层次越多的语段数量越少（只有《清平湾》一文中一重语段少于二重及三重语段）。在下面的统计表中可以看到，在记叙文中，一重语段占全部语段的 40.95%，二重语段占 34.79%，三重语段占 15.71%，三项合计共占 91.45%；在议论文中，一重语段占全部语段的 39%，二重语段占 31.6%，三重语段占 15.2%，三项合计共占 85.8%；而四重、五重、六重、七重语段所占比例都很小（议论文中的四重语段占 8.4%，比例略高）。

表 5　语段统计数据之三（记叙文）：各种层次的语段数量

	一重	二重	三重	四重	五重	六重	合计
《清平湾》	22	39	27	10	4	2	104
《红点颏儿》	55	37	17	5	2	2	118
《瞎老胡》	64	40	20	9	3	1	137
《兵车行》	65	59	15	4	1	0	144
合计	206	175	79	28	10	5	503
百分比	40.95%	34.79%	15.71%	5.57%	1.99%	0.99%	100%

表6 语段统计数据之三（议论文）：各种层次的语段数量

	一重	二重	三重	四重	五重	六重	七重	合计
议论	144	131	65	36	16	6	3	401
说明	49	27	11	4	0	0	0	91
叙述	1	0	0	2	3	1	0	7
疑问	1	0	0	0	0	0	0	1
合计	195	158	76	42	19	7	3	500
百分比	39%	31.6%	15.2%	8.4%	3.8%	1.4%	0.6%	100%

1.4 语段的组合方式

组合方式指语段内句与句之间是怎样组织起来的，前人指出汉语语段的组合方法有意合法和形式结合法两种组织方法（黎锦熙、刘世儒，1962）。所谓“意合法”是通过语序组织语段，而不使用任何关联词语；而“形式结合法”是通过关联词语等有形标志来组织语段的。我们所理解的“有形标志”除连词、关联副词等“关联词语”之外，还包括时间词语（如“开始”“接着”“然后”“最后”“没几年”“临启程了”等）和某些具有连接作用的句式（如问答句式、排比句式等）。例如：

例1 “各位朋友，我得告个罪儿。家里老母亲感了点儿风寒，身上不大安逸。恕我先走一步了。”(《红点颏儿》)

这个语段的一二两句之间是解说关系，二三两句之间是因果关系，未用任何关联词语，使用的是意合法。

例2 我在省文联开会时碰到王贞丽。但我从未和她提起那些无聊的传闻，也没向她探问过什么。直到现在，我也不愿对这个过程作任何主观猜测，我只是相信，我对他们所得到的幸福的理解，是任何其他人所不能相比的。(《瞎老胡》)

这个语段的一二两句之间是转折关系，使用了转折连词“但”；二三两句之间是顺承关系，使用了表示时间延续的短语“直到现在”，使用的是形式结合法。

例3 他安慰着，把我扶到靠坡避风的地方，用手扒了个雪墙，铺上皮大衣，让我坐下休息。随后，他从工具箱里翻出半截钢板，又去了。沉重的雪幕中，他浑身皓白，跪着，一下一下地凿那坚硬的冰，飞溅的冰末，像一簇簇白色

的礼花。(《兵车行》)

这个语段的一二两句之间是顺承关系，使用了时间词语“随后”，是形式结合法；二三两句之间是并列关系，未用有形标志，是意合法。整个语段是形意结合，先形后意。

例 4 “她点点头，慢慢收了笑容，才招呼徒弟找出个笼子来。我眼瞅着那小东西过了笼儿，心里头甭提多不是滋味儿了。可五哥脸上倒舒展多了，还一迭连声地跟那当家的说‘您多费心’呢”。(《红点颏儿》)

这个语段一二两句之间是并列关系，未用关联词语，是意合法；二三两句之间是转折关系，使用了转折连词“可”，是形式结合法。整个语段是意形结合，先意后形。

例 5 “您看病吗？”我诧异地打量着他，挪过一条板凳。

“不，在我们喀喇昆仑山上，真正有病的人是用担架抬下来的。我……借你一点东西用用。”(《兵车行》)

这个语段一二两句之间是解说关系，三四两句之间是并列关系，使用的都是意合法；但一二句和三四句之间是问答关系，使用了问答句式，是形式结合法。

例 6 他留下话：把他送回“家”，埋在积雪的山岗。他离不开哨卡，离不开战友。他喜欢冰雪的洁净。他永远是喀喇昆仑的兵！(《兵车行》)

这个语段的第一句和后面几句之间是果因关系，属意合法；二三四句之间是并列关系，三个句子是排比句，属形式结合法。

我们在研究中发现，在记叙文的 503 个语段当中单独使用意合法的语段占 60.83%，单独使用形式结合法的语段占 10.14%；另有 146 个语段同时使用了意合与形合两种组合方式，其中主要使用意合方式（第一个层次用意合法，表中表示为“意+形”）的有 86 个，在 503 个语段当中占 17.1%，主要使用形合方式（第一个层次用形式结合法，表中表示为“形 + 意”）的有 60 个，占 11.93%；在议论文中单用意合的占 62.9%，单用形合的占 7.2%，兼用意合与形合的有 118 个，其中主要使用意合方式的占 16.2%，主要使用形合方式的占 7.4%。而在意合与形合的总的使用频率当中，记叙文中使用意合法的比例高达 70.98%，使用形合法的比例为 29.02%；议论文中使用意合法的比例高达 76.16%，使用形合法的比例则只有 23.84%；可见意合法是汉语组织语段的主要方法（详见下表）。

表 7　语段统计数据之四（记叙文）：组合方式表

	意合	形合	意＋形 （意合、形合）	形＋意 （意合、形合）	合计 （意合、形合）
一重语段	162	41	2 （2、2）	1 （1、2）	206 （165、45）
二重语段	98	10	34 （44、47）	33 （40、38）	175 （182、95）
三重语段	34	0	30 （91、37）	15 （32、21）	79 （157、58）
四重语段	13	0	10 （34、15）	5 （14、9）	28 （61、24）
五重语段	2	0	5 （29、10）	3 （13、11）	10 （44、21）
六重语段	0	0	3 （20、9）	2 （7、5）	5 （27、14）
合计	309	51	84 （220、120）	59 （107、86）	503 （636、257）
百分比	61.43 % 34.6%	10.14% 5.71%	16.7% （24.64%、13.44%）	11.73% （11.98%、9.63%）	100% （71.22%、28.78%）

注：1. 百分比中上一行为语段总数（503）中的比例，下一行为意合＋形合总数（893）中的比例。893=636+257。

2. 因为各种结构层次的语段使用意合与形合的次数不同，所以意合与形合的总数要比语段总数多得多。

表 8　语段统计数据之四（议论文）：组合方式表

	意合	形合	意＋形 （意合、形合）	形＋意 （意合、形合）	合计 （意合、形合）
一重语段	164	29	2 （2、2）	0	195 （166、31）
二重语段	113	4	30 （30、30）	11 （11、11）	158 （154、45）
三重语段	44	1	15 （29、17）	16 （28、23）	76 （101、41）
四重语段	20	2	16 （47、23）	4 （9、6）	42 （76、31）
五重语段	5	0	12 （48、20）	2 （5、5）	19 （58、25）

续表

	意合	形合	意＋形（意合、形合）	形＋意（意合、形合）	合计（意合、形合）
六重语段	0	0	4（19、5）	3（11、8）	7（30、13）
七重语段	0	0	2（16、3）	1（6、1）	3（22、4）
合计	346	36	81（191、100）	37（70、54）	500（607、190）
百分比	69.2% 43.41%	7.2% 4.52%	16.2% （23.96%、12.55%）	7.4% （8.78%、6.78%）	100% （76.16%、23.84%）

注：百分比的上一行是在语段总数（500 个）中的比例，下一行是在组合方式总数（797 个）中的比例。797=607+190。

1.5 语段内句与句之间的结构关系

在我们统计的 503 个记叙文语段中，共有 19 种结构关系；500 个议论文语段中，共有 15 种结构关系。两种文体中前 10 种结构关系的使用频率排序如下表。

表 9 前 10 种结构关系使用频率排序

	1	2	3	4	5	6	7	8	9	10
记叙	并列	顺承	解说	因果	转折	问答	果因	总分	递进	伴随
议论	并列	解说	因果	归纳	转折	总分	顺承	解证	果因	分总

从表中可见，并列关系在两种文体的语段中使用次数都高居榜首；顺承关系在记叙文中位列第二，在议论文中却是第七位；解说、因果、转折、总分、果因等结构关系在两种文体中位次相同或相近；问答、递进、伴随三种结构关系在记叙文中进入了前 10 名，在议论文中未进前 10 名；归纳、解证、分总三种结构关系在议论文中进入前 10 名，归纳的位次还很靠前，在记叙文中却未进前 10 名。

这种情况与两种文体的文体特点有十分密切的关系。例如：并列、解说、因果、转折、总分、果因等结构关系，不论是叙事还是论理，都会常常用到，所以在两种文体中都进入了前 10 名，而且顺序大致相同；顺承关系更多地用于叙事，因而在顺序上两种文体有较大差异；归纳是议论的基本方法之一，故而在议论文中不但进入了前 10 名，而且位次靠前，在记叙文中却未进前 10 名。

结构关系使用中的一个显著特征是，绝大多数结构关系使用意合组合方式的机率要大大高于使用形合的机率。例如并列关系在记叙文中共出现 320 次，其中 291 次为意合，形合只有 29 次；在议论文中出现 694 次，其中 611 次为意合，83 次为形合，比例分别约为 10∶1 和 7.36∶1。其他一些结构关系在记叙文和议论文中使用意合和形合的比例为：顺承约为 3∶1，解说约为 32∶1 和 22.43∶1，总分为 7∶1 和 17∶1，因果约为 14∶1 和 4.58∶1，果因约为 8∶1 和 25∶1。

与这种意合多于形合的总趋势情况相反的是，转折为 1∶2.4 和 1∶2.73，问答为 0∶76 和 0∶11。这两种结构关系都是形合多于意合。

在记叙文中特指、目的、让步等意合与形合使用次数相同，但数目都很少，只有 2~4 次。（详见下面表格）

表 10　语段统计数据之五（记叙文）：各种结构关系及其使用的组合方式

	一重		二重		三重		四重		五重		六重		合计		
	意	形	意	形	意	形	意	形	意	形	意	形	意	形	
（1）并列	73	7	102	12	66	4	30	4	13	2	7	0	291	29	320
（2）顺承	37	10	39	11	33	11	19	6	2	5	3	1	133	44	177
（3）解说	26	1	52	3	49	1	20	0	7	0	5	0	159	5	164
（14）解证	0	2	0	0	0	0	0	2	0	0	1	0	1	4	5
（8）总分	0	0	1	1	4	0	4	1	3	0	2	0	14	2	16
（11）分总	0	0	5	1	2	0	1	0	2	0	1	0	11	1	12
（4）因果	19	3	32	1	34	2	15	0	11	0	2	2	113	8	121
（7）果因	8	0	14	3	5	0	5	1	0	0	1	0	33	4	37
（5）转折	4	7	10	23	4	13	3	5	1	6	1	2	23	56	79

续表

	一重		二重		三重		四重		五重		六重		合计	
	意	形	意	形	意	形	意	形	意	形	意	形	意	形
（9）递进	0	0	3	2	5	2	0	0	1	0	2	0	11	4
													15	
（6）问答	0	12	0	32	0	17	0	6	0	7	0	2	0	76
													76	
（10）伴随	3	1	4	0	1	0	3	0	1	0	0	0	12	1
													13	
（12）归纳	1	0	4	0	3	0	2	0	0	0	1	0	11	0
													11	
（13）衬附	1	0	1	1	3	0	1	0	1	0	0	0	7	1
													8	
（14）补充	2	0	1	0	0	1	1	0	0	0	0	0	4	1
													5	
（16）特指	0	0	1	1	0	0	0	0	0	0	0	0	1	1
													2	
（15）让步	0	0	1	0	0	1	1	0		0	0	1	2	2
													4	
（16）目的	0	0	0	0	1	0	0	0	0	0	0	1	1	1
													2	
（17）条件	0	1	0	0	0	0	0	0	0	0	0	0	0	1
													1	
合计	174	44	270	91	210	52	105	25	42	20	26	9	827	241
	218		361		262		130		62		35		1068	
比例	3.96	1	2.97	1	4.04	1	4.2	1	2.1	1	2.89	1	3.43	1

注：表中左起第一列结构关系名称前括号中的数字是各种结构关系使用次数多少的位次。

表 11　语段统计数据之五（议论文）：各种结构关系及其使用的组合方式

	一重		二重		三重		四重		五重		六重		七重		合计	
	意	形	意	形	意	形	意	形	意	形	意	形	意	形	意	形
（1）并列	172	22	192	16	100	17	88	11	30	9	20	3	9	5	611	83
															694	
（7）顺承	1	2	7	1	5	1	4	3	5	2	4	4	0	0	26	13
															39	

续表

	一重		二重		三重		四重		五重		六重		七重		合计	
	意	形	意	形	意	形	意	形	意	形	意	形	意	形	意	形
（2）解说	18	1	68	2	29	1	22	2	13	0	3	0	4	1	157	7
															164	
（8）解证	2	2	5	1	9	2	3	1	4	1	1	1	1	0	25	8
															33	
（6）总分	0		12	1	17	1	13	1	6	0	0		3	0	51	3
															54	
（10）分总	0		0	1	5	1	5	2	4	1	1	0	2	0	17	5
															22	
（3）因果	20	1	39	10	28	7	15	4	10	3	5	1	2	0	119	26
															145	
（9）果因	7	0	7	0	4	0	3	1	3	0	0		1	0	25	1
															26	
（5）转折	0	7	3	7	6	10	2	6	2	7	2	4	0		15	41
															56	
（11）递进	0		0	3	0	6	0	2	1	2	0		0		1	13
															14	
（13）问答	0		0	5	0	3	0	2	0		0		0	1	0	11
															11	
（4）归纳	4	2	16	3	19	1	10	1	6	2	2	1	1	0	58	10
															68	
（12）补充	0	1	0	2	2	0	2	1	1	0	3	0	0		8	4
															12	
（14）假设	0		0		0		0	2	0		0		0		0	2
															2	
（15）让步	0		0		0		1	0	0		0		0		1	0
															1	
合计	224	38	349	52	224	50	168	39	85	27	41	14	23	7	1114	227
	262		401		274		207		112		55		30		1341	
比例	5.9	1	6.71	1	4.48	1	4.31	1	3.15	1	2.93	1	3.29	1	4.91	1

注：表中左起第一列结构关系名称前的数字是各种结构关系使用次数多少的位次。

在我们列出的19种结构关系中，除人们熟知的并列、顺承、因果、转折等之外，另有几种较新的提法，简释于下：

衬附：句子之间是衬托附着和被衬托附着的关系，衬附句表达呼唤、应答、某种情感或声音，在句群中起引人注意、表达感情、烘托气氛的作用。例如："啊！好一派迷人的秋色！"（黄伯荣、廖旭东，1997：179）我们沿用其名称及定义。

归纳：前面叙述一件事情或某种行为，后面是对前面的事情和行为的总结概括。例如："'噢？'我手指轻轻地试着那冷冰冰的东西，一用劲，咔嚓一声碎了，手上湿淋淋的，一看，原来是从耳朵上掉下来的冰壳子。真丢人！""真丢人！"即是对前文的归纳。

伴随：指在一个动作正在进行中，同时进行其他动作。例如："'哼！对自己班长的病一点也不着急，对车上的东西倒这么经心！'我嘀咕着，心想，这车要是上官星开的话，早就飞起来了……"一边嘀咕一边想，即为伴随。

补充：前面说明某种情况，后面有所补充。例如："小庵有定规：一位正座儿，六位偏座儿，整堂'大悲忏'，香资五十块。哦，纸票子么，恕不收受。""哦，纸票子么，恕不收受。"一句，就是补充。

特指：在整体或全部之中，强调某一个。例如："说实话，受点委屈我不怕，怕就怕影响你们的情绪。你们这么年轻，又赶上了好时候，前程大得很，可不敢松劲啊。特别是小王，不要想那么多，只要你们都进步了，将来成了歌唱家、作家，我也就心满意足了。""特别是小王"一句为特指句。

1.6 语义中心的表现形式

语段都是围绕一定的中心意思组织起来的，因而一般来说，每个语段都有一个语义中心。汉语语段在表示这个语义中心时，大多采取了"话题"和"中心句"的形式。所谓"话题"指话由，也就是几句话是针对什么而发的，说的是什么问题。"中心句"则是几句话中最重要的、直接体现该语段中心意思的句子。（例见下文）

我们在考察中共发现16种语义中心的表现形式（详见后面表12、表13），其中使用频率较多的是下面几种：

（1）首句提供话题，末句是中心句。这种情况最多，在503个记叙文语段中，有226个采用这种方式，约占全部语段的44.93%；在500个议论文语段中，有216个，占43.2%。

例 1 上官星打开车门，将身子探到外面辨路。他用一只手操纵着方向盘，不一会儿就成了个雪人，脸色发紫，眼睛又红又肿，泪水一道道流下来，在腮边结成了冰。(《兵车行》)

例 2 男女平等，作为妇女解放的一面旗帜，一直高高飘扬在现代社会的上空，甚至还被庄重地写入了法律条文中。然而，彻底的男女平等还只是一种可望而不可及的远程图景，宏观上的规范和原则，约束不了活生生的现实处境，以下女博士求职一事便是明证。(《人民日报》)

这两个语段的前句都是话题，后句为中心句。

（2）首句既提供话题，又是中心句。这种情况有 90 个记叙文语段，约占记叙文总数的 17.89%；在议论文语段中则有 142 个，占议论文总数的 28.4%。

例 1 司机——一个嫩里嫩气的小战士，就像压根儿没听见我的话，双手紧握着方向盘，眼睛一眨不眨地注视着前面的路。一个小小的坑，一块碗口般的大石头，他都要减速绕过。(《兵车行》)

前句先交代话题——司机，然后写他认真开车的情况，后句进一步说明前句，因而前句既是话题又是中心句。

例 2 就发展而言，目前，国有企业正面临改革的压力，三资企业也受到东亚金融危机的波及，拉动经济的力量都有所削弱，活力不减的非公经济无疑成为一个经济增长点和地方政府确保发展速度的方面军。广东为确保全省经济增长目标实现而出台的 6 项措施中，就包括发展非公企业。(《人民日报》)

前句指出非公经济在目前形势下所起的巨大作用，后句以广东省的情况为例说明，整个语段的话题和中心都是前句。

（3）首句提供话题，首句和末句之外的其他句子为中心句。记叙文语段中共有 80 个，约占 15.9%；议论文语段中有 74 个，占 14.8%。

例 1 他下河看了看路线，然后一块一块地搬开并不怎么碍路的石头，这才慢慢地慢慢地把车开过了河。我可是给急坏了，车子本来就跑不起来，还这样磨磨蹭蹭地耽误时间，上官星的病……我想起那天过河的情景，他，会不会是自那以后病倒的呢？（《兵车行》）

首句“他下河”一句说明当时的情况，是话题；第二句“我可是给急坏了……”说明“我”的所思所感，是中心句。

例2 过去我总认为，中国人要达到西方发达国家的文明程度，可能需要比较漫长的历史时期，要改造好几代人才能办到。但看了绵阳的变化以后，我似乎变得更乐观了一些，在目前的形势下，也许不用太长的时间，在局部地区和区域达到较高的文明程度仍然是可行的。绵阳在这方面开了一个好头，起了一个好的带头示范作用。(《人民日报》)

首句交代过去的看法，第二句说明今天的认识，末句指出绵阳的作用。第二句是中心句。

（4）只有首句提供了话题，但是并无中心句。记叙文中共有32个，约占6.36%；议论文中只有12个，占2.4%。

例1 又见五爷提起那“五蝠献瑞”的细巧笼门，一手朝里一招，那小东西就忒儿的一声，振翅飞了出来，飘然落到主人中指尖儿上，翘首凝神，似有所待；主人另一只手早摸出个小蜘蛛来，往这手掌上一撒。眨眼功夫，那小精灵一纵身，小嘴儿只一点，那虫子就没影儿了。他把脖子一扬，红润润的下颏儿微微一震，又哨了起来，还不时地向主人递着混合了得意、娇嗔、期望等各样情绪的眼色……(《红点颏儿》)

“五爷提起那‘五蝠献瑞’的细巧笼门”是话题，后面几句叙述人和鸟的动作，但并没有揭示全段主旨的中心句。

例2 撤销人民银行省级分行，成立跨省、自治区、直辖市分行，将使我国货币政策决策和实施进一步统一，从而进一步增加金融宏观调控的有效性。同时，有利于保证中央银行依法独立、公正地履行其金融监管职责，有利于在跨省范围内统一调度监管力量，有利于摆脱各方面的干预，严肃查处违规的金融机构和责任人，从而提高金融监管的效率。(《人民日报》)

“撤销人民银行省级分行，成立跨省、自治区、直辖市分行”是采取的做法，是话题；“增加金融宏观调控的有效性”和“提高金融监管的效率”是上述做法的两个重要作用，但是并没有一个把这两方面作用都囊括其中的中心句。

（5）话题承前省略，末句为中心句。所谓“话题承前省略”是说本来是有话题的，但因上文已经出现，为使行文简洁而省去了。记叙文中有25个，约占4.97%；议论文中只有5个，占1%。

例1 “杠头”一时闭口无言。“寿眉”依旧含笑不语。赤红脸儿呢，听得口

呆目瞪，半天才缓过口气来似的：“哎哟嗬……敢情这养鸟儿，还有这么大的学问哪！”(《红点颏儿》)

“哎哟嗬”一句为中心句，前面“梆子”说的话是话题，但已省略了。

例2　读至此，我心里已有些愤然了。显而易见，那些请保姆的大学生并非没有时间没有劳动能力从事那些日常的劳务，只是不愿或不屑为之罢了。或许他们骨子里就看不起洗衣、扫地等“世俗劳务”，也未必看得起那些为人所雇的保姆。这样四体不勤、娇气十足、重享受轻劳动的大学生，即便满腹经纶，将来走上社会，能担当起现代化建设的重任吗？(《人民日报》)

最后一句表现了作者对某些大学生的基本看法，是中心句；读的内容是话题，已经承前省略了。

（6）话题承前省略，首句是中心句。记叙文中有 20 个，约占 3.98%；议论文中有 26 个，占 5.2%。

例1　“‘同志，请开快一点。’我急了，又一次催促道。”(《兵车行》)

“同志，请开快一点”是中心句，话题“司机开车太慢”已省略。

例2　第一，必须承认并充分保障农民的自主权，把调动广大农民的积极性作为制定农村政策的首要出发点。这是政治上正确对待农民和巩固工农联盟的重大问题，是农村经济和社会发展的根本保证。调动农民的积极性，核心是保障农民的物质利益，尊重农民的民主权利。在任何时候，任何事情上，都必须遵循这个基本准则。(《人民日报》)

第一句提出论者的基本观点，后面几句加以解释和强调，第一句是中心句。话题“农村改革二十年的基本经验”已在上文出现，这里承前省略。

（7）话题承前省略，首句及末句之外的其他句子为中心句。记叙文中有 13 个，约占 2.58%；议论文中只有 1 个，占 0.2%。

例1　“老总，这是说哪儿的话？我是支援解放军，才忍痛原价收进原价让出。这年头，十八块一担还收不进来哪。”(《瞎老胡》)

这是米店老板回答瞎老胡的话，第二句“我是支援解放军……”强调其“本意”，为中心句；前面瞎老胡说的话为话题，已省略。

上述前三种表现形式相加在记叙文中约占语段总数的 78.72%，在议论文中约占 86.4%。前六种表现形式相加，在记叙文中约占 94.03%，在议论文中占 95%。

表 12　语段统计数据之六（记叙文）：语义中心的表现形式

	一重	二重	三重	四重	五重	六重	合计（比例）
话题中心皆首句	52	23	13	1	0	1	90（17.89%）
首句话题末句中心	108	71	29	10	5	3	226（44.93%）
首句话题他句中心	4（二句2，三句2）	43（二句32，三句11）	22（二句8，三句9，四句3，五句1，二＋四句1）	7（二句3，三句2，五句1，六句1）	3（二句1，四句1，五句1）	1（二句）	80（15.9%）
话题省略首句中心	13	6	0	1	0	0	20（3.98%）
话题省略末句中心	13	9	3	0	0	0	25（4.97%）
话题省略他句中心	1（二句）	7（二句5，三句2）	5（二句2，三句3）	0	0	0	13（2.58%）
有话题无中心句	11	6	5	7	3	0	32（6.36%）
无话题首句中心	2	1（首一分句）	0	0	0	0	3（0.6%）
无话题末句中心	0	1	0	0	0	0	1（0.2%）
无话题他句为中心	0	0	0	0	0	0	0
话题中心皆无	2	0	0	0	0	0	2（0.4%）
话题中心皆二句	0	3+1（首一分话题）	0	0	0	0	4（0.8%）
话题二句中心三句	0	0	2	1	0	0	3（0.6%）
话题二句中心末句	0	2	0	0	0	0	2（0.4%）
话题首句中为后二	0	1	0	0	0	0	1（0.2%）
话题首句中为二末	0	1	0	0	0	0	1（0.2%）
合计	206	175	79	27	11	5	503（100%）

表 13　语段统计数据之六（议论文）：语义中心的表现形式

	一重	二重	三重	四重	五重	六重	七重	合计（比例）
话题中心皆首句	54	49	22	10	4	2	1	142（28.4%）
首句话题末句中心	109	56	28	14	5	2	2	216（43.2%）
首句话题他句中心	二句 4 三句 2	二句 18 三句 2 四句 1	二句 13 三句 7 四句 1	二句 4 三句 5 四句 2 五句 2 六句 1 七句 1	三句 3 四句 3 五句 1 六句 1	二句 1 六句 1 七句 1	0	74（14.8%）
话题省略首句中心	4	18	2	2	0	0	0	26（5.2%）
话题省略末句中心	1	3	1	0	0	0	0	5 1%
话题省略他句中心	0	二句 1	0	0	0	0	0	1（0.2%）
首句话题无中心句	6	4	0	1	1	0	0	12（2.4%）
首句话题二三句中心	0	2	0	0	0	0	0	2（0.4%）
首句话题末二句中心	0	0	0	0	1	0	0	1（0.2%）
话题省略无中心句	13	1	0	0	0	0	0	14（2.8%）
话题中心皆二句	0	1	0	0	0	0	0	1（0.2%）
二句话题三句中心	1	0	0	0	0	0	0	1（0.2%）
二句话题末句中心	1	1	2	0	0	0	0	4（0.8%）
二句话题无中心句	0	1	0	0	0	0	0	1（0.2%）
合计	195	158	76	42	19	7	3	500（100%）

2. 教学建议

2.1 从表述功能的角度看，叙述语段在记叙文中占 64% 以上，议论语段在记叙文和议论文中分别占 16% 和 80% 以上，说明语段在两种文体中分别占 10% 和 18% 以上。叙述、议论、说明三种语段在记叙文中占 91% 以上，议论、说明两种语段在议论文中占 98% 以上。由上述统计数据可见，在六种语段中，这三种语段的使用频率最高。

另一方面，不论是讲述一个事件，还是论述一个道理，或是说明一个事物，都是最为常见的语言使用项目，广泛应用于社会日常生活之中。学生如果能够通过语段的形式实现这三种表述功能，成功地进行交际，就说明他们已经具备了较高的语段表达能力，他们的汉语表达能力已经得到了极大的提高，达到了相当的水平。

因此，叙述、议论、说明三种语段应当成为语段教学的重点内容。

2.2 在语段与段落的关系方面，等于段落的语段在记叙文及议论文中都在 60% ～ 70% 之间；小于段落的语段都在 30% 上下；大于段落的语段在记叙文中占 10%，在议论文中则仅占 0.4%。因此，等于段落及小于段落的语段应当成为教学的重点。

2.3 从语段的内部层次来看，一重语段在两种文体的语段中均占 40% 左右，二重语段都在 31% ～ 35% 之间，三重语段均占 15% 略多。三项合计在记叙文中占 91% 以上，在议论文中占 85% 以上。因此这三种语段应当成为教学的重点。

2.4 汉语语段为了表意明确，便于别人理解，大多采用了“话题”和“中心句”的方式来揭示语段的语义中心。话题和中心句最为常见的安排形式是:（1）首句为话题，末句为中心句;（2）话题和中心句都是首句;（3）首句为话题，首句和末句之外的其他句子是中心句。三种形式合计在记叙文中占 78% 以上，在议论文中占 86% 以上。语义中心的其他表现形式都是这三种形式的变化形式，因而可以把这三种形式视为安排话题和中心句的基本形式，应当作为教学的重点。

2.5 在组合方式方面，使用意合与形合的比例大致为 70% ～ 76% 比 23% ～ 29%，意合法无疑是汉语组织语段的主要方法。我们在教学中自然应该以意合法为旨归，但在具体的教学过程和教学方法上却完全可以采取灵活的态度。我们固然可以在讲清句间的结构关系及语义关系之后，直接让学生用意合法来组织语段；也完全可以从形式标志入手，通过关联词语来讲解句间的结构关系及语义关系，让学生用形式结合法组织语段。在进行语段教学的初始阶段，后一种方法也许更容易把握，因而更为有效。

:: 参考文献 ::

Li Charles N. and Sandra A. Thompson 1976, Subject and Topic: A New Typology of Language, Subject and Topic, Academic Press, New York.

曹逢甫 . 主题在汉语中的功能研究——迈向语段分析的第一步 [M]. 语文出版社，1995.

陈　平 . 现代语言学研究——理论、方法与事实 [M]. 重庆出版社，1991.

黎锦熙、刘世儒 . 汉语语法教材（第三编）[M]. 商务印书馆，1962.

黄伯荣、廖序东 . 现代汉语（增订二版）[M]. 高等教育出版社，1997.

廖秋忠 . 篇章中的管界问题 // 廖秋忠文集 [M]. 北京语言学院出版社，1992.

田小琳，等 .《中学教学语法系统提要（试用）》问答 [J]. 语文教学通讯，1984(3).

吴为章、田小琳 . 句群 [M]. 上海教育出版社，1984.

邢福义 . 汉语语法学 [M]. 东北师范大学出版社，1997.

张志公 . 现代汉语（中册）(试用本)[M]. 人民教育出版社，1982.

郑锦全 . 通信本位汉语篇章语法 [J]. 世界汉语教学，1988(1).

原载《语言文化教学研究集刊》(第二辑)

华语教学出版社，1998

附　录

“是……的”句（一）偏误研究

引言

（1）选题缘起

“是……的”句指其谓语是由“是……的”格式构成的句子，其中的“是……的”句（一）表示动作已在过去发生或完成，它要说明的不是动作本身，而是与动作有关的某一方面。（刘月华，1983：487）

该句式一直是语法学界讨论的热点问题，也是对外汉语教学的重点和难点之一。从教学角度看，外国人对该句式的习得情况尚不尽如人意，存在种种偏误现象，有的还比较突出。从研究角度看，学界对该句式的研究尚不够细致、深入，例如对不同类型的“是……的”句大多是放在一起进行研究，缺乏对“是……的”句（一）的专题研究。在偏误分析方面，对偏误类型的发现与归纳并不一致；研究数据由于样本数量的限制，所得结果是否可靠还有待验证。因此，本文以北京语言大学的“HSK 动态作文语料库”为语料来源，对外国人学习汉语“是……的”句（一）的偏误情况进行考察，试图对该句式的偏误类型、产生偏误的原因进行探讨，并提出相应的教学对策，希望能对该句式的教学有所帮助。

（2）研究方法与语料来源

本文采用语料库方法对外国汉语学习者的“是……的”句（一）偏误现象进行定量考察，在进行偏误分析与对比研究的基础上，归纳偏误类型，发现学生最容易出现的偏误类别；进而通过对错误语料的深入分析，找出偏误产生的原因。本文认为外国汉语学习者对“是……的”句（一）语法知识的学习主要来自课堂教学，因此着重从教材与课堂教学方面进行研究，并针对原因提出教材中“是……的”句的编写建议，提出有助于改善该句式教学效果的课堂教学策略。

关于“是……的”句（一）的鉴别，本文根据其关键词语的性质和语义语用特征来判定其与“是……的”(二）和以“的”字短语做宾语的“是”字句的区别：如果句尾“的”能标识句子所表述的事件是已发生的事件（表现为去掉“的”后句子具有未然性或不能成立)，则为动态助词，该句为“是……的”句（一)，例如“他是开车来的”；如果表示强调态度与看法，“是”和“的”同时去掉或单省“是”句子仍然成立，则为语气助词，该句为“是……的”句（二)，例如“像我这种一切超脱的人是不怕被围困的”；如果既不表示“已然义”，也不表示强调，而是构成“的”字短语表示某类人或某类物，那就是结构助词，该句为以“的”字短语做宾语的“是”字句，例如“他是卖鱼的”。

本文对偏误语料的判断，主要依据如下标准：学界主流观点，例如刘月华等（1983）对“是……的”句（一）使用规律的总结与归纳；上下文语境，在具体语境中考察、判断被调查者使用该句式的真正意图；笔者的语感和语法知识；18位对外汉语专业研究生的判断。本文将综合上述各方面的考虑，来判定“是……的”句（一）的偏误情况，力图得出比较客观的分析结果。

本文的偏误语料，主要来源于北京语言大学研制的“HSK 动态作文语料库”（1.1 版)。通过语料库的“错句检索”功能，共搜索出 2000 条“是……的”句偏误语料。排除其中的“是……的”句（二）的偏误语料 1582 例，以及原本正确而被标错的“是……的”句 12 例，以“的”字短语做宾语的“是”字句 96 例，其他“是”字句 16 例，共得到“是……的”句（一）的偏误语料 294 例。

本文所引正确例句除注明出处外，均来自当代文学作品和现实生活中的口语。

（3）代码说明

∧：表示该处的内容漏掉了。

__：表示该处的内容是多余的。

√：表示有此项内容。

–：表示无此项内容。

1.“是……的”句（一）的偏误类型

1.1　偏误类型与统计分析

根据本章的排查和统计，在“HSK 动态作文语料库”（1.1 版）中“是……的”句（一）的偏误句共有 294 例。其中该用而未用该句式的偏误（或称回避偏误，缺失句尾“的”，与“是”字句混淆）的 177 例，此类中单纯缺失“的”的 140 例，“的”与“了 1”混淆的 16 例，与一般动词谓语句混淆的 21 例；不该使用该句式而用了的偏误（或称泛化偏误）2 例；内部偏误（指该用也用了该句式，但句中存在种种错误）115 例，此类中缺失“是”的 108 例，缺失其他成分的 4 例，其中 2 例为“是……的”结构内部缺少动词，2 例为“是……的”结构内部状语缺少介词，语序偏误 3 例，都是状语位置的偏误。上述情况详见表 1。

表 1　“是……的”句（一）的偏误类型及数据表

<table>
<tr><th>序号</th><th colspan="3">“是……的”句（一）偏误类型</th><th>数量</th><th>比例</th></tr>
<tr><td rowspan="4">1</td><td rowspan="4">该用而未用（回避，177 例，60.20%）</td><td colspan="2">单纯缺失“的”（79.1%）</td><td>140</td><td>47.62%</td></tr>
<tr><td rowspan="2">与“了 1”的混淆（9.04%）</td><td>有“是”，“的”误用为“了 1”</td><td>8</td><td>2.72%</td></tr>
<tr><td>无“是”，“的”误用为“了 1”</td><td>8</td><td>2.72%</td></tr>
<tr><td colspan="2">误用为一般动词谓语句（“是”和“的”都缺失，11.86%）</td><td>21</td><td>7.14%</td></tr>
<tr><td>2</td><td>不该用而用（泛化，2 例，0.68%）</td><td colspan="2">“是……的”多余（0.68%）</td><td>2</td><td>0.68%</td></tr>
<tr><td rowspan="4">3</td><td rowspan="4">内部偏误（该用而用但有错，115 例，39.12%）</td><td colspan="2">缺失“是”（93.91%）①</td><td>108</td><td>36.74%</td></tr>
<tr><td colspan="2">语序偏误（2.61%）</td><td>3</td><td>1.02%</td></tr>
<tr><td rowspan="2">缺失其他成分（3.48%）</td><td>述语缺动词</td><td>2</td><td>0.68%</td></tr>
<tr><td>状语缺介词</td><td>2</td><td>0.68%</td></tr>
<tr><td>总计</td><td>100%</td><td></td><td></td><td>294</td><td>100%</td></tr>
</table>

在所有的偏误类型当中，“是……的”结构不完整，特别是缺少“的”的偏误率是最高的，可见这个结构的完整性确实是一个难点。而谢福（2008）与张井

① 缺失“是”指根据“是”的省略条件，并排除“是”省略正确的句子，得到的 108 例偏误句。

荣（2009）均将缺少“的”列为缺省偏误。本章将单纯缺“的”、与“了1”的混淆、与其他句式的混淆列为该用未用（回避）类，主要是考虑到该句式中“的”不可省，学习者可能混淆了“是”字句与“是……的”句（一），或其他句式与“是……的”句（一）的区别而产生此类偏误，所以应属回避。而缺失“是”但有“的”的偏误，由于“是”在某些情况下确实可以省略，因而可以认为学习者已经在有意使用“是……的”句（一），只是因为不了解“是”的省略条件而造成偏误，故将此类偏误划归内部偏误。

根据赵淑华（1979）、吕必松（1982）、刘月华等（1983）、李临定（1986）、龙海平（2007）、谢福（2008）等人的研究成果，依据结构和语义，本文把“是……的”句（一）归纳为五种基本的下位句式：

F1 主语+是+状语+动词+的，强调动作的时间、处所、方式、条件、目的、对象、工具等。例如：我是昨天来的。

F2 主语 + 是 + 主谓短语 + 的，主谓短语的主语是施事，是强调的重点，全句主语是受事。主谓短语里的谓语一般是不带宾语的动词，位于句首的名词或名词短语就是这个动词的受事，通常是话题。对比焦点是主谓短语中的主语。例如：信是谁寄来的?

F3（是）+ 主谓短语 + 的 +（宾语），“是”可以省略，“的”后的宾语也可省略，对比焦点是全句的主语。F2 将句首作为主语的受事移到“的”后，即转换成 F3。例如：（是）谁寄来的（信）？

F4 主语 + 是 + 动词 +（宾语 + 重复动词）+ 的，强调动作、行为是产生某种结果的原因，主语是该动作行为的结果。对比焦点是“是……的”中间部分，是作为原因被强调的，全句主语是这一原因引起的结果。例如：你睡不着是盼开钻盼的。

F5 主语 + 是 + 动词 + 的 + 宾语，强调动作的受事即宾语。例如：我是去的大连（，不是上海）。

本文按“是……的”句（一）的不同下位句式对其偏误类型进行分类，即得到表 2。

表 2 “是……的”句(一)偏误类型的下位分类表

偏误数量 偏误类型		“是……的”四种基本句式				
		F1：主语＋是＋状语＋动词＋的	F2：主语＋是＋主谓短语＋的	F3：(是)＋主谓短语＋的＋(宾语)	F4：主语＋是＋动词＋(宾语＋重复动词)＋的	总计
1. 该用而没用	缺失“的”	129	11	—	—	140
	与“了 1”混淆	13	3	—	—	16
	误用为其他一般动词谓语句	20	—	1	—	21
2. 内部偏误	缺失“是”	97	8	3	—	108
	语序	3	—	—	—	3
	内部结构缺成分	2	1	—	1	4
总计	6 种偏误表现	264	23	4	1	292①

谢福(2008)研究发现，在中国人自然语料中和暨南大学留学生中介语语料库中，F1 的使用率是最高的，F2 的出现频率也相当高，F3 则相对很少出现，F4 相当少，在留学生语料中甚至没有出现。邢红兵、张旺熹(2005)的统计也表明，F1 出现最多，F4 使用中频率相当低。谢福(2008)指出 F5 在中国人的自然语料和各种大纲中都没有涉及到，本文在 HSK 动态作文语料库中也没有发现该类句式，这说明即使是中国人也基本不使用该句式，对外国学习者来说尤难习得。

从表 2 的情况看，各种下位句式的偏误类型数量与总偏误类型数量是成正比的，回避偏误中的缺失“的”与内部偏误中的缺失“是”为两类主要偏误。偏误的种类与数量也从另一个方面体现出学生对各种“是……的”句(一)的使用情况：F1 ＞ F2 ＞ F3 ＞ F4。

1.2 偏误分析

1.2.1 单纯缺失“的”(140 句)

①*青少年是如何学抽烟∧呢？

②*我和他是在大学二年级的时候相识∧，目前交往已经两年多了。

① 因其太少，本表忽略了不该用而用的 2 个例句。

③*我是七八年进了日本的一所短期大学开始学汉语∧，那个时候正好是在几次“日中友好热潮”中，我就很高兴地学习汉语。

④*例如多家大型旅游公司合办拉促销，宣传海报及报章稿件，都是经过我一手策划，达到极佳的效果∧。

⑤*你们想想，看这样的结果是由什么来引起∧呢，是烟。

⑥*我从一开始是把汉语当作是第二语言来学习∧，所以经历了许多的苦与乐。

上述偏误句都是单纯缺“的”，只要加上“的”就是正确的“是……的”句。这类偏误表明学习者还没有“是……的”句完整的结构概念，处于学习该句式的最初阶段。

1.2.2 有“是”，“的”误用为“了1”（8句）

⑦*我是在韩国的忠北大学毕业了，我本来的专业该校的中文系。

⑧*我是从高一开始抽了烟。

⑨*虽然我是在国外长大了，我还是想回报祖国，在中国立业。

⑩*母亲的姐姐是母亲十一岁时去世了。

⑪*我是1992年到上海来了，已经三年了。

⑫*所以噪音对人体健康的危害是我们早就知道了。

学界一向认为，“了”是外国人学习汉语的最大难点之一，学生常常认为“了”表示过去。（吕必松，1992：110；刘珣，2000：366；赵金铭，2006；吕文华，2010）“是……的”句中的动态助词“的”作为“已然义”的载体，和学生认为“了”表示过去的看法完全吻合，因而出现以“了”代“的”的偏误也就非常容易理解了。显而易见，不了解“了”与“的”的区别和没有掌握“是……的”句的完整结构，都是导致此种偏误的重要原因。

1.2.3 无“是”，“的”误用为“了1”（8句）

⑬*其实我∧在日本女子中学毕业了。

⑭*这次我们∧乘坐飞机去西藏了。

⑮*我的父亲原来∧从农村搬到这大城市来了。

⑯*他∧这样告诉我了。

这几个句子要说明的并不是毕业、去西藏、搬家、告诉这些动作本身，而是从哪儿毕业、怎么去的西藏、从哪儿搬来的、怎样告诉的，表达这样的语义不能用“了”字句，而必须用“是……的”句（一）。这样的偏误和学生对“了”表示过去的误解有关，更重要的则是对“是……的”句（一）的句式义缺乏准确的把握。

1.2.4 误用为一般动词谓语句（20句）

⑰* 刚从大学毕业，∧在一家分析仪器厂开始工作时认识她∧。

⑱* 精美服装公司季翔先生；我∧看到贵公司发的招聘启事而写这封求职信∧。

⑲* ∧去年九月来北京∧，已经来了七个月了。

⑳* 还有现在的社会上有很多独生子女，他们∧从小在父母的保护里长大∧。

这几个句子要表达的同样不是动作本身，而是认识时的情况、写求职信的起因、来北京的时间、长大的环境，表达这样的语义必须用“是……的”句（一）。出现这样的偏误是因为对“是……的”句（一）的句式义缺乏了解。

1.2.5 “是……的”多余（2句）

㉑* 这是我们第一次在中国过节日的。

㉒* 我最难忘的假期的回忆是去年暑假一个人去加拿大的。

这两个句子所要表达的原意是对主语所代表的事物加以判断，主语和宾语所代表的事物之间存在同一或类属关系。表达这样的语义，应该用表示判断的“是”字句，而不能用强调和动作相关的某种情况的“是……的”句（一）。此类偏误表明学生虽然掌握了“是……的”句的结构形式，但对两种句式的句式义还缺乏足够的了解与分辨能力。

1.2.6 缺失“是”（仅指偏误语料）（108句）

㉓* 因为我在韩国学是学过，可是，不∧专门学的……

㉔* 我还记得那里的房子差不多都∧用干的草和泥做的。

㉕* 第一阶段的思维完全∧按照这个基本活动来发展的。

㉖* 我想这样的关系一定∧通过长时间才出现的。

㉗* 其实，那个朋友∧我在中国认识的。

在“是……的”句（一）中，“的”是已然义的载体，没有“的”就无法表达这种已然义，因此缺失“的”的句子一定是错误的。然而，“是”在一定情况下却可以省略，缺省“是”但有“的”的句子不一定错误。当然，“是”的省略是有条件的。下列三种情况下“是”一般不省：当主语是“这”“那”时；当对比焦点为一种行为或情况，而这一行为或情况是引起某种结果的原因时；否定式中的“是”不能省。（刘月华等，1983：490-491）当主语为施事论元、经事论元、感事论元、主事论元、致事论元时，“是”表现出可省性倾向；而当主语是受事论元、结果论元、对象论元、系事论元、工具论元等客体论元时，“是”表现出不可省倾向性。（易平平，2009）主语在语义上为全句主要动词的宾语时，“是”基本不可省；如果省略“是”会成为非常规表达，口语中经常借助停顿、重音或对举等手段使其具备可接受性。此外，当“是”前有范围副词、语气副词或者频率副词等修饰时，“是”也不能省略。（马学良、史有为，1982）

这样看来，例㉓是“是……的”句（一）的否定句，㉔～㉖分别有“差不多都”“完全”“一定”等副词修饰，㉗主语“那个朋友”是受事论元，在这些情况下，“是”都不能省略。

1.2.7 “是”的位置错误（3句）

㉘* 这是大概五年前美国的专家发表的。

㉙* ∧这样我们的祖先把这个社会发展起来的。

㉚* 我成长的时候也∧老年人这样说的。

“是”起标志信息焦点的作用，应放在被强调的成分之前。例㉘要强调的是时间，而非推测的语气，故“五年前”应在“是”之后，副词状语“大概”表示全句的推测语气，应移至“是”的前面。例㉙、㉚本来也可以视为缺“是”的偏误，但即使加上“是”仍然存在位置错误。这实际上是两种偏误的叠加现象，为了简洁起见，将其归在位置偏误中了。正确的位置应该是“我们的祖先是这样把这个社会发展起来的”“我长大的时候老年人也是这样说的”。

1.2.8 内部成分结构错误：缺述语动词（2句）

㉛* 他觉得，他得癌症的原因是抽烟∧的，所以制造这个烟的公司应该负责任。

㉜* 他以为在脸上涂粉的行为是妓女才会这样∧的。

例㉛是强调原因的F4句式，“是……的”中间应用重动结构，但原句漏掉了应重复的第二个动词“抽”，造成偏误。例㉜是强调施事的F2句式，缺少动词述语，“是……的”中间是主谓结构，但这个主谓结构的谓语部分缺失了动词“做”，因而是偏误句。

1.2.9 内部成分结构错误：状语部分缺介词（2句）

㉝* 我认为，惩罚吸烟的措施本来不是政府决定的，而是∧每个人的道德观

念来决定实行的。

㉞ * ∧同学的电话才知道的。

例㉝中"是……的"格式没有任何问题，但位于其中的"由……来做什么"是固定格式，原句中缺少介词"由"，故而错误。例㉞本意是要强调得知某信息的方式，是通过电话得知的，因此需加上介词"通过"构成介词短语做"知道"的状语；同时该句的主语"这件事"或"这个消息"之类是对象论元，属客体论元的范畴，一般是不可以省略的。

"HSK 动态作文语料库"的语料来源于参加高等汉语水平考试的外国汉语学习者的作文答卷，因此，本文的考察结果反映的是中高级阶段学生使用"是……的"句（一）的偏误情况。其中，该用"是……的"句（一）而没有使用的回避偏误占总偏误数的六成以上，尤其是单纯缺"的"的偏误，所占比例接近五成，是最大的偏误类型。第二大偏误类型是"是……的"句（一）的内部偏误，偏误率接近总偏误数的四成，其中缺失"是"的偏误占 36.73% 以上。由此可见，中高级阶段学生的"是……的"句（一）偏误主要集中在该用而未用和内部偏误两个方面，不该用而用的泛化情况则很少，甚至可以忽略不计。

联系其他相关研究来看，谢福（2008）的研究发现，高级阶段的学生的主要偏误类型有缺省偏误；张井荣（2009）发现在"是……的"句（一）所有偏误小类中，"是……的"结构不完整，特别是少"的"的偏误率最高。本文对学生偏误的考察结果与这两位学者的发现基本一致。只是本文把所谓"缺失'的'"的情况视为该用而未用的回避偏误，因为"的"的缺失反映出学生对"是……的"句（一）的句式结构尚未把握，缺乏对该句式的整体认知。将其视为回避偏误，能够更加准确地揭示学生对该句式的习得情况。这反映了本文对学生偏误性质的认识与上述两项研究是存在本质差异的。

2. 偏误产生的原因

2.1 目的语知识不足

由上文的"偏误类型及数据表"(即表 1）和"偏误分析"可知，"是……的"

格式中单纯缺“的”是该句式最大的偏误，这类偏误表明学习者缺乏“是……的”句的语法知识，还没有形成该句式完整的结构概念。但“HSK 动态作文语料库”所收集的都是中高级阶段汉语学习者产出的汉语语料，中高级阶段的学生没有掌握该句式的基本结构概念又实在令人难以理解。这使我们联想到教学环节，教师是如何讲解，教材中又是如何处理该句式的呢？后文将对此问题进行探讨。

对外汉语教学到了中高级阶段，有关语用限制条件的教学非常重要。如果外国学习者对“是……的”句（一）的语用规则不清楚，就会因为对焦点内容的误解造成“是”的位置偏误。参见 1.2.7）。

2.2 目的语知识的负迁移

James（1998）将偏误产生的具体原因大体上分为三类：Interlingual error（语际偏误）、Intralingual error（语内偏误）、Induce error（诱导偏误）。语际偏误由母语影响所致，语内偏误是由目标语言本身引起的。王珊（1996）认为在初级阶段，应该更注重学生的母语规则迁移，中级阶段应更注重目的语规则的泛化，高级阶段则更要加强语用方面的教学。陆俭明（2005）指出：“他们(外国学习者)把老师和课本上所讲授的汉语知识和相关的规则都视为金科玉律，并且能动地按老师和课本上讲的去运用，可是一用就出错。对于他们在写作、说话中出现的语法、词汇方面的毛病和错误，大多不能责怪学生学得不好，因为这些错误大多是由目的语知识的负迁移造成的。”张井荣（2009）认为，目的语知识的负迁移经常导致印尼学生对“是……的”格式的随意省略，以及“是……的”结构的泛化等偏误情况。

在本文的研究中，“是……的”格式缺“是”是第二大偏误类型。学生在学习“是……的”句（一）的过程中，了解到“是”可以省略，但未能掌握省略“是”的相关条件，因而把这一规则过度泛化了，导致了“是”的随意省略。

由于学习与交际策略的影响，学生习得一种句型后，会有意识地加以运用，当超过该句式的使用范围而过于宽泛地使用该句式时，就会造成目的语规则泛化的偏误。“我们搬家是星期天的”即属此类。

2.3 教材与教师因素的影响

Stenson（1983）用诱导偏误一词来指“更多的是由课堂因素而非学习者本身导致的语言偏误”。诱导偏误是由外部因素引起的，James（1998）将这些因素大致分为了如下几类:（1）教材诱导的偏误（Materials-induced error）;（2）教师话语诱导的偏误（Teacher-talk induced error）;（3）练习诱导的偏误（Exercise-based induced error）;（4）教学诱导的偏误（Errors induced by pedagogical priorities）;（5）词典、语法指导书籍等辅助材料诱导的偏误（Look-up errors）。

谢福（2008）对《基础汉语课本》（1980）、《实用汉语课本》（1986）、《汉语教程》（1999）、《初级汉语课本》（2003）、《实用视听华语》（2005）、《桥梁——实用汉语中级教程（上）》（1996）等六套教材进行了考察，发现这些教材对“是……的”句语法项目的处理存在问题：对该句式的范围与教学步骤不一致；语法说明只对其句法规则进行描述，没有对使用该句式的语用规则做准确的表述；语法说明的例句皆为单句形式，缺乏上下文语境。

张井荣（2009）对暨南大学华文学院的20位对外汉语教师有关“是……的”句的教学情况进行了统计，结果见下面表3。

表3 教师有关“是……的”句的教学情况表

问题 \ 数目和比例	有（比例）	较少（比例）	没有（比例）
是否发现过学习者“是……的”结构的偏误	20（100%）	0（0）	0（0）
有没有讲过“是……的”结构	12（60%）	7（35%）	1（5%）
有没有针对“是……的”结构的偏误进行过专门讲解	2（10%）	4（20%）	14（70%）
有没有给学习者强调过“是……的”结构中“的”能否省略	3（15%）	6（30%）	11（55%）

被调查的每位对外汉语教师都发现了学习者习得“是……的”结构的偏误，但极少有教师对此进行专门讲解，也很少有人涉及“的”和“是”的省略问题。

这样看来，教材与教师两个因素对学生在该句式上的偏误确实负有不可推卸的责任。

3. 教材对“是……的”句（一）的处理

学生对汉语语法知识的学习主要来自课堂教学，北京语言大学是汉语国际教育的重要基地，编写并出版了大量在学界有广泛影响的汉语教材。因此本文试图通过对该校三大对外汉语教学学院现行汉语教材进行横向与纵向的分析研究，考察教材对“是……的”句（一）语法点的处理情况，以发现学生产生“是……的”句（一）偏误与教学之间的联系。

3.1 对北语三大学院现行教材的考察

3.1.1 教学对象与教材

汉语学院面向海外留学生进行汉语本科学历教育。该院所使用的汉语综合课教材为《汉语教程》，属对外汉语本科教材系列语言技能类。

汉语进修学院负责非学历教育的汉语进修教育，学生的学习期限为 1 ～ 3 年不等。其现行教材为《成功之路》。该教材全套 20 册，按进阶式水平序列分别设计为《入门篇》《起步篇》《顺利篇》《进步篇》《提高篇》《跨越篇》《冲刺篇》《成功篇》等八个阶段。其中《入门篇》为 1 册，《进步篇》综合课本为 3 册，《听和说》《读和写》各 2 册，其余各篇均为 2 册。

汉语速成学院以半年以内的短期教学为主，不同的学习周期有不同的汉语综合课教材。十二周班和二十周班使用的是《速成汉语初级教程》；四周班使用的是《汉语会话 301 句》；特殊班（周期更短、人数较少）使用的是《说汉语》。

3.1.2 不同教材对“是……的”句（一）的编排

3.1.2.1 《汉语教程》

“是……的”句（一）出现在第二册（上，一年级教材）第四十三课，题目为《我是跟旅游团一起来的》。在 95 句（包括单句和复句中的分句）课文中出现该句式共计 16 句，其中完整句只有 4 句；省略主语的有 5 句，例如“是来学习的吗？”省略“是”的有 1 句，“我十岁才到的美国”；同时省略主语和“是”的 6 句，例如“一个人来的吗？”都是 F1 句式，没有出现其他下位句式。在第四十五课第二段的 28 句课文中出现“是……的”句（一）3 句。其中，F1 出现 2 句，1 句省略主语：“是坐公共汽车来的吗？”1 句省略主语和“是”：“几点从家里出来的？”F2 出现 1 句，为完整句：“今天的事故就是一辆自行车引起的。”上述情况归纳为表 4。

表 4 《汉语教程》第二册（上）中的“是……的”句（一）情况表

句式 \ 类型和数据	第四十三课				第四十五课		
	完整句	省略主语	省略“是”	省略主语和“是”	完整句	省略主语	省略主语和“是”
F1 主语 + 是 + 状语 + 动词 + 的 +（宾语）	4	5	1	6	0	2	1
F2 主语 + 是 + 主谓结构 + 的	0	0	0	0	1	0	0

在两课合计 20 个“是……的”句（一）中，完整句只有 5 个，省略句则有 15 个，占绝对多数；这显然是对话体的课文形式决定的。在省略句中，省略“是”的仅有 1 句，省略主语和同时省略主语和“是”的持平，皆为 7 句；省略“是”和同时省略主语和“是”的 8 个句子的主语都是施事论元，这和易平平（2009）关于主语为主体论元时“是”可省、主语是客体论元时“是”不可省的发现是完全吻合的。

3.1.2.2 《成功之路·顺利篇》（第一册）

该教材在一年级下学期使用，一共 12 篇课文，第十二课课文题为《这些照片是在哪儿拍的》，首次出现“是……的”句（一）。第一篇 10 句，第二篇 1 句；另外课文前后的问题中出现 7 句，第一篇 6 句，第二篇 1 句。其中 F1 句式有 16 句，省略“是”的只有 1 句；F2 句式出现 2 句，即“那些照片是谁拍的？”和“是我拍的。”上述情况归纳为表 5。

表 5 《成功之路·顺利篇》（第一册）中的“是……的”句（一）情况表

句式 \ 类型和数据	第十二课第一篇课文				第十二课第二篇课文		
	完整句	省略主语	省略“是”	省略主语和“是”	完整句	省略“是”	省略主语和“是”
F1 主语 + 是 + 状语 + 动词 + 的 +（宾语）	13	0	1	0	2	0	0
F2 主语 + 是 + 主谓结构 + 的	0	1	0	1	0	0	0

3.1.2.3 汉语速成学院的 3 种教材

《速成汉语初级教程·综合课本 2》，“是……的”句（一）出现在第三十四课《戒烟》中，在 42 句（包括单句和复句中的分句）课文中，有 F1 句式 2 例，“你是什么时候到家的？”“这盒儿烟是什么时候送你的？”F3 句式 2 例，“这不是我买的烟”“是朋友送的喜烟”，合计 4 句。

《汉语会话 301 句》共四十课，“是……的”句（一）被编排在第十八课《迎接（一）路上辛苦了》。课文中仅出现 F2 句式 1 例：“是她告诉我的”。

《说汉语》（上）一共分为 8 个单元，“是……的”句（一）出现在“交通”单元的第七课《好漂亮的自行车》中。课文中出现 F1 句式 1 句：“什么时候买的？”F2 句式 1 句：“一定是她告诉你的”。

上述 3 种教材共有“是……的”句（一）7 句，其中 F1 句式 3 句，F2 句式 1 句，3 句式 3 句。该句式的出现情况可以归纳为下面表 6。

表 6　3 种教材中的“是……的”句（一）情况表

类型和数据 / 句式	第三十四课、第十八课、第七课			
	完整句	省略主语	省略“是”	省略主语和“是”
F1 主语+是+状语+动词+的+（宾语）	2	0	0	1
F2 主语 + 是 + 主谓结构 + 的	0	2	0	
F3 是 + 主谓短语 + 的	1	1	0	0

上述 5 种教材中该句式的出现情况可以归纳为下面表 7。

表 7　5 种教材中的“是……的”句（一）情况表

类型和数据 / 句式	完整句	省略主语	省略“是”	省略主语和“是”	合计
F1 主语 + 是 + 状语 + 动词 + 的 + （宾语）	21	7	2	8	38（82.61%）
F2 主语 + 是 + 主谓结构 + 的	1	3	1	1	6（13.04%）
F3 是 + 主谓短语 + 的	1	1	0	0	2（4.35%）
合计	23（50%）	11（23.91%）	3（6.52%）	9（19.57%）	46（100%）

3.1.3 不同教材对该句式的语法说明

《汉语教程》的说明包括 3 点内容。（1）汉语用“是……的”强调已经发生或完成动作的时间、地点、方式、目的、对象等。(2)在肯定句中，“是”可以省略。否定句“是”不能省略。(3)动词如果有名词做宾语时，宾语常常放在“的”后边。

这3点内容确实是该句式使用中的重要问题，介绍也非常简明，但并不充分。例如“是”在肯定句的省略并非随意，而是有条件的；教材的笼统说明会诱导偏误的产生。此外，也没有对“的”与宾语不同位置的对比说明。

《成功之路·顺利篇》(第一册)的说明包括5点内容:(1)“是……的”这个句式常用来表达对一个已经发生了的动作的相关信息进行强调，比如时间、地点、方式、对象、目的等。(2)“是”要放在需要强调和说明的部分之前，“的”一般放在句尾。(3)如果“是……的”中的动词后面带有宾语，宾语是名词时，可以放在“的”的后面，也可以放在“的”的前面。但如果宾语是代词时，一般放在“的”的前面。(4)“是……的”的否定形式为“不是……的”。(5)在肯定句中，“是”可以省略，否定句中“是”不能省略。

相对于《汉语教程》,《成功之路·顺利篇》(第一册)增补了新的内容，例如“是”的位置、否定形式等；说明也更加详尽、准确。但关于“是”的省略问题同样未说清楚。

《速成汉语初级教程·综合课本2》除说明以时间、处所、方式等为参照给已然性事件定位时要用该句式之外，还提到该句式有多种下位格式，其中最基本的是：主语+是(+状语)+述语(+补语)(+宾语)+的。但没有对“是”的省略和“的”与宾语的位置作出解释。

《汉语会话301句》的语法注释包括:(1)“是……的”句(一)用来强调说明已经发生的动作的时间、地点、方式等。(2)“是”放在被强调说明的部分之前，有时可以省略;“的”放在句尾。(3)该句式有时也可强调动作的施事。注释对“是”和“的”的位置作了强调，特别是增加了F2或F3句式的说明。但仍然没有说明“是”的隐现条件，以及“的”的语序不同的情况。

《说汉语》(上)的语法注释包括《汉语教程》的第(1)、(2)点和《顺利篇》的第(3)点。存在的问题也与《顺利篇》相同。

3.1.4 不同教材的练习安排

《汉语教程》的练习题有:(1)替换练习，5组;(2)按照例句做会话练习，5

组；（3）根据实际情况回答问题，8句；（4）根据上下句补齐句子，3组；（4）改错，8句；（5）交际会话，1题。其中大多数为对F1句式中的时间状语、地点状语的替换练习。“改错题”为该教材练习部分的亮点，其中涉及“的”的缺失、“了1”的误用、谓语动词的省略等，与本文归纳的学生“是……的”句（一）的偏误类型密切相关。

《成功之路·顺利篇》（第一册）的练习有：（1）根据表中的内容，用“是……的”格式说句子。共5组练习，主要是针对时间、地点、方式、对象等的操练。该练习的亮点是，每组练习前都给出了一个含有预设信息的带“了1”的句子，有助于学生了解“了1”与“是……的”的区别。（2）回答问题，共10道问答题，主要是针对动作发生的时间、地点、方式、对象、目的、施事等的提问。复练课中的练习有：（3）填空。（4）复述。（5）口语会话。

《速成汉语初级教程·综合课本2》的练习有：（1）句型替换，包括8组谓语动词和时间状语的替换练习，8组地点状语和对象的替换练习，7组地点宾语和动作方式的替换练习。（2）回答问题，含有10个针对时间、地点、对象、方式等的问答练习。（3）模仿练习，有1例对F1句式和1例对F2句式的练习。

《汉语会话301句》的练习有：（1）替换练习，F3中主语和宾语的2组替换练习。（2）扩展练习，F1句式的2个句子。（3）按照实际情况回答问题。

《说汉语》（上）的练习有：（1）回答问题，是对F1的状语的练习；用指定词语回答问题，练习了“是”与副词状语的位置。（2）根据指定内容，用给出的词语进行对话。（3）会话中可以出现的句子，除F1的状语，也涉及对F2的主语的练习。（4）选择恰当的词语填空。

上述练习方式可以归纳为表8。

表8　不同教材中的“是……的”句（一）练习方式表

序号	练习形式	《汉语教程》	《顺利篇》	《速成汉语初级教程》	《汉语会话301句》	《说汉语》
1	替换练习 / 句型替换	√	—	√	√	—
2	按照例句做会话练习	√	—	—	—	—
3	回答问题	√	√	√	√	√
4	根据上下句补齐句子	√	—	—	—	—
5	交际会话	√	—	—	—	—

续表

序号	练习形式	《汉语教程》	《顺利篇》	《速成汉语初级教程》	《汉语会话301句》	《说汉语》
6	根据表中的内容，用该句式说句子	—	√	—	—	—
7	填空	—	√	—	—	√
8	复述	—	√	—	—	—
9	口语会话	—	√	—	—	—
10	模仿练习	—	—	√	—	—
11	扩展练习	—	—	—	√	—
12	根据指定内容，用给出的词语进行对话	—	—	—	—	√
13	会话中可以出现的句子	—	—	—	—	√

3.1.5 对几种教材的综合评价

3.1.5.1 关于"是……的"句（一）的下位类型。把本文的研究和谢福（2008）的研究相比较，可以得到表9。

表9 教材和母语者语料中各类"是……的"句（一）比例表

	本章	谢福（2008）
F1 主语 + 是 + 状语 + 动词 + 的 +（宾语）	84%	36.46%
F2 主语 + 是 + 主谓结构 + 的	9%	15.67%
F3 是 + 主语 + 动词 + 的 +（宾语）	7%	8.05%
F4 主语 + 是 + 动词 + 的 +（宾语 + 重复动词）+ 的	0	0.42%
F5 主语 + 是 + 动词 + 的 + 宾语	0	0

注：谢福（2008）的语料来源为《王朔文集》(1、2部）及《编辑部的故事》。

从表9来看，教材和母语者语料中"是……的"句（一）各下位句式所占百分比趋减，整体趋向是一致的。但是，教材过分集中于F1句式，且没有F4句式。数据分布显然不够合理。

3.1.5.2 关于语法说明。综合来看，教材中的语法说明包括了该句式的主要用法，例如用该句式强调已经发生或完成动作的某方面情况，肯定句中"是"可以省略，否定句"是"不能省略，等等。一般来说，这些介绍也比较简明。存在的问题主要有两点，一是说明的内容多寡不均，难以对该句式形成全面认识。例如《顺利篇》介绍了5点内容，其他教材的介绍则相对较少。二是解释不充分。例如对"是……的"格式的整体性没有强调，特别是对其中的"的"与"了"的区别未予强调；“是”在肯定句中固然可以省略，但却是有条件的，教材不交代这些条件会导致偏误的产生。此外，也没有对“的”与宾语不同位置的对比说明。

3.1.5.3 关于练习。虽然练习形式丰富，多达 13 种，但教材中普遍采用的只有第 3 项“回答问题”,5 种教材都采用了。其他练习形式除第 1 项“替换练习”有 3 种教材采用、第 7 项“填空”有 2 种教材采用外，其他练习均只有 1 种教材采用。《汉语教程》《成功之路 · 顺利篇》都有 5 项练习，其他教材只有 3 项。此外，练习主要是针对 F1 句式进行时间、地点、方式、对象等的训练；对 F2、F3 则很少涉及。

3.1.5.4 谢福（2008）认为，教材对“是……的”句的教学步骤、范围不一致；语法说明多只对其句法规则进行描述，没有对使用“是……的”句的语境、语用做准确的表述；语法说明的例句全部都是单句形式，缺乏上下文语境。本文认为，教学步骤难求统一，但同意其其他观点。

4. 教学对策

4.1 教材编写建议

4.1.1 突出“是……的”(一）的基本下位类型，兼顾其他类型

F1 是“是……的”句（一）的最基本类型，在教学中无疑应详加解说，反复练习，尽最大努力让学生理解、掌握。F2 在母语者语料中也有比较高的使用率，F3 虽然使用率不是很高，但和 F2 存在转换关系，这些在教材中呈现不足，应予适度加强。即便是母语者也很少使用的 F4、F5，虽然不是教学重点，但教材中也可以有所呈现，以使学生对“是……的”句（一）有比较全面的了解。

4.1.2 说明“是”的位置与隐现规律

“是”起标记语义焦点的作用，表示其后面的内容是要强调、突出的部分。“是”可以省略，但并非任意省略，而是有其内在规律的。教材中要特别指出这种规律，特别是不可省略的情况。例如当主语是“这”“那”时；对比焦点是一种行为或情况，而这种行为或情况是引起某种结果的原因时；否定句；当主语为主要动词的受事时；当“是”前有副词修饰或状语和动词加长时；全句主语为客体论元时。以上“是”均不可省略。

4.1.3　突出“的”与“了”的比较

二者的共同点是都可以表示动作已经完成或实现。主要的不同点有3点:（1）“的”表示过去完成，而“了”表示的完成与具体时间没有必然联系;（2）“的”用于“是……的”格式中，“了”则没有这种强制性搭配要求;（3）带“了”的句式表示动作或事件转化过程的全新传信，带“是……的”的句子是对已知事件局部点的传信。

4.2　课堂教学建议

4.2.1　加强构式语块教学

“是……的”句（一）表示对比焦点、强调和动作相关的某一方面情况的语义不是“是”带来的，也不是“的”带来的，而是“是……的”格式带来的，因此“是……的”是一个构式，有其独特的表达功能与作用。在教学中应将其作为一个语块进行整体教学，强调其不可分离性，使学生牢记其整体结构特征，从而有效避免单纯缺失“的”这个学习中的最大偏误。

4.2.2　借助情境语篇，突出语用教学

谢福（2008）认为该用而未用，不该用而用皆为语用偏误。本文对学生偏误的考察也表明，语用偏误是较为严重的偏误类型。

借助情境教学，就是给学生设定使用某句式的特定语境进行教学，这种情景可以是真实的，也可以是虚拟的。例如可以利用学生假期旅游归来，通过关于旅游时间、地点、交通工具、同伴、风景照片等的一系列问题，进行“是……的”句（一）的教学。通过这样的情景对话，学生可以清晰地看到强调的焦点都在“是”后，进而掌握该句式突出对比焦点的语用功能。

强调以语篇为基础的“是……的”句教学，要把该句式尽量放在一个相对完整的话语片段中加以呈现，使学生从语篇的角度了解“是……的”结构的使用与主题、述题的关系及在话语连贯中的作用。例如:“汤姆上周去云南旅行了，一个人去的。他带回来的那个葫芦丝，是一个白族姑娘送给他的。”这个语篇不但展现了“是……的”句（一）的1个F1例句和1个F2例句，而且“上周”预设了两个例句的“已然义”；同时还表明了主语为施事论元（汤姆）时，“是”可以省略；主语为受事论元（葫芦丝）时，“是”不可省略。

4.2.3 加强句型对比教学

首先，“是……的”句（一）和“是……的”句（二）以及以“的”字短语为宾语的“是”字句，相互之间既有联系，更有不同的句式义和表达功能。这是构式多义性的表现，也是构式本身与进入构式的不同成分之间互相整合的结果。在教学中，应从不同的表达功能、“是”与“的”的不同位置、性质和作用、否定词的位置、句式类型等角度对三者加以对比分析，使学生切实了解并掌握三者的区别。例如做替换练习时，带“是……的”结构的句子要替换“是……的”中间的成分，而不能连“的”一起替换。而“的”字做宾语的“是”字句要替换整个“的”字结构，而不能只替换“是”和“的”中间的成分。其次，还应对“是……的”句（一）的5种下位类型的结构与功能进行对比，以便于学生全面了解该句式，增加使用各种下位类型的“是……的”句（一）的丰富性。

5. 结语

经研究发现，外国人学习汉语“是……的”句（一）的两个最大偏误，一是缺失“的”，二是不恰当地省略“是”。造成偏误的主要原因，是目的语知识不足与泛化，以及教材与教学的影响。本文认为，突出“是……的”句（一）结构与功能的整体性，说明“是”的隐现条件，是改进该句式教学的最重要措施。

期待教学领域能够了解外国人学习“是……的”句（一）的偏误情况和造成偏误的种种原因，编写更有针对性的教材，采取切实有效的教学方法，以提高该句式的教学效率。

:: 参考文献 ::

James, C. Errors in Language Learning and Use: Exploring Error Analysis，Harlow Essex: Longman Group Limited,1998.

Stenson, N. ‘Induced errors’, in B.W. Robinett &J.Schachter (eds), Second Language Learning: Contrastive Analysis, Error Analysis and Related Aspects, University of Michigan Press, Ann Arbor, MI. pp.256-71,1983.

郭志良，主编．速成汉语初级教程（综合课本2）[M]. 北京语言大学出版社，1996.
康玉华、来思平．汉语会话301句[M]. 北京语言大学出版社，1999.
刘 珣．对外汉语教育学引论[M]. 北京语言文化大学出版社，2000.
刘月华、潘文娱、故 韡．实用现代汉语语法[M]. 外语教学与研究出版社，1983.
龙海平．已然义“是……的”类句式的多角度考察[D]. 华中师范大学博士论文，2007.
陆俭明．对外汉语教学与汉语本体研究的关系[J]. 语言文字应用，2005(1).
吕必松．关于是……的结构的几个问题[J]. 语言教学与研究，1982(4).
———．华语教学讲习[M]. 北京语言学院出版社，1992.
吕文华．“了”的教学三题[J]. 世界汉语教学，2010(4).
马学良、史有为．说“哪儿上的”及其“的”[J]. 语言研究，1982(1).
邱 军、张 莉，等．成功之路·顺利篇[M]. 北京语言大学出版社，2008.
王 珊．汉语中介语的分阶段特征及教学对策[J]. 世界汉语教学，1996(1).
吴叔平，主编．说汉语（英文注释本·上）[M]. 北京语言大学出版社，2008.
谢 福．外国学生汉语“是……的”句的习得研究[D]. 上海师范大学硕士学位论文，2008.
邢红兵、张旺熹．现代汉语语法项目的标注及统计研究//对外汉语教学的全方位探索——对外汉语研究学术讨论会论文集[M]. 商务印书馆，2005.
杨寄洲，主编．汉语教程[M]. 北京语言大学出版社，1999.
易平平．“是……的”结构构式观及“是”、“的”的隐现考察[D]. 北京语言大学硕士论文，2009.
张井荣．印尼学习者习得汉语“是……的”结构偏误分析[D]. 暨南大学硕士学位论文，2009.
赵金铭．从对外汉语教学到汉语国际推广//对外汉语综合课教学研究·代序[M]. 李晓琪，主编．商务印书馆，2006.
赵淑华．关于“是……的”句[J]. 语言教学与研究，1979(1).

原载《基于语料库的汉语句式习得研究》
中国书籍出版社，2004
作者：苏文娟

“是……的”句（二）习得情况考察

引言

所谓“是……的”句包括两种句式，即“是……的”句（一）和“是……的”句（二）。此外，由于结构形式上的相似性以及歧义句的存在，以“的”字短语做宾语的“是”字句也与“是……的”句存在密切联系。例如：

①这本书是我的。

②我是坐飞机去的。

③这个情况我是了解的。

上述3个例句形式上都带有“是……的”，但句子在结构与功能上并不完全相同，所表示的意思也不一样。例①为“是”字句，“是”是动词，“的”字结构做宾语；“是”和“的”都不能省略；否则句子就不成立。例②、③是“是……的”句，“是……的”可以去掉，但原句固有的“时态”将会改变，或强调的语气会随之消失。例②是“是……的”句（一），“是……的”格式表示对过去发生动作的方式进行强调，否定式是在“是”前加“不”；例③为“是……的”句（二），“是……的”格式表示强调肯定的语气，否定式是在“是”后加“不”。

对外汉语教学领域非常重视“是……的”句的教学，也特别重视与之相关的理论研究。而在该句式的教学与研究中，也确实还存在一些问题。例如学界普遍认为，除一部分以“这”“那”做主语的和表示双重否定的句子以外，一般可以把“是”和“的”同时省略或只省略“是”，句子仍然可以成立，基本意思不变，只是在语气上有所减弱。（赵淑华，1979；吕必松，1982；刘月华等，2001）。但李海燕（2006）的统计分析表明，在实际语篇中，“是……的”句（二）除了句中有“会、要”等词以外，省略“是”的情况非常少见，低于10%。以此看来，在“是……的”句（二）中，不省略“是”才是常态。又如“是……的”句（二）表示强调语气是学界的一般看法，但也有研究认为，用“是……的”时，语气肯定，口气委婉缓和，有说理的意味，目的是要人相信；不用“是……的”时，语气较强，有时显得简洁、直爽。（刘月华等，2001）对这些看似矛盾的观点，学界尚未作出明确的解释。

在习得研究方面，施家炜（1998）考察了“S+是+时间词+V（O）+的”和“S+是+Adj（词组）+的”的习得顺序，认为前者比后者先习得。该项研究开了“是……的”习得顺序研究的先河，但对“是……的”句众多的下位句式没有涉及。对“是……的”句（二）的偏误分析多采用中介语语料库和调查问卷的方法，探究“是……的”句（二）的偏误类型及成因，但所依据的样本数量、语料规模相对较小，对偏误的考察多着眼于句子结构缺“的”、缺“是”，分析角度较为单一，对偏误原因的认识也还不够深入。（刘丽宁，2003；张井荣，2009；谢福，2008）至今还没有针对“是……的”（二）进行的专题研究。

本文以“HSK动态作文语料库”（1.1版）为语料来源，对外国人习得“是……的”句（二）过程中出现的偏误现象进行研究。然后采用测试的方法，得到外国留学生和汉语母语者对“是……的”句（二）的习得情况。通过对比，对该句式的习得情况进行分析与判断，试图发现一些习得规律，为该句式的教学提供参考。

1.“是……的”句（二）的偏误类型

1.1 偏误语料的检索与整理

在“HSK动态作文语料库”（1.1版）中，通过错句检索，并剔除因技术问题造成的重复，共得到带“是……的”的句子2000句。排除混在其中的“是……的”句（一）和“是+的字短语”的是字句，以及其他一些与“是……的”无关的错句（双重否定句的错误，形容词重叠出错等），最终得到“是……的”句（二）的偏误句997句。

本文把“是……的”句（二）的偏误句分为不该用而用、该用而未用、可用而用时出错、其他偏误4类。对每类偏误又根据“是”“的”中间成分的不同，从“主语+是+形容词性词语+的”“主语+是+动词性词语+的”“主语+是+固定结构+的”等3个下位结构类型进行考察。

为保证语料的真实性，本文尽可能保持语料的本来面貌，只将句中的错字改为正确字。而与“是……的”(二）无关的其他偏误不予处理。

1.2 不该用而用

该类偏误指不该用“是……的”句（二）而使用了该句式。数量较少，仅有32句。其下位类型有两类：第1类，该用“是”字句而误用“是……的”句（二）。根据“是……的”中间的成分性质的不同又可分为3类：中间成分为形容词性词语的，有2句，即下面例①、②；中间成分为动词性词语的，有8句，如例③、④；中间成分为固定结构（包括成语、习语和一些常用的固定表达）的，只有1句，即例⑤。第2类，该用一般形容词谓语句或动词谓语句而误用“是……的”句（二）。根据“是……的”中间的成分性质的不同分为2类：中间成分为形容词性词语的，有4句，如例⑥、⑦；中间成分为动词性词语的，有17句，如例⑧、⑨。（例句中有问题的部分加下划线）

①*回想起来似乎童年的日子<u>是多么幸福的</u>。

②*这本书使我了解到人生的道路<u>是那么坎坷的</u>，……

③*我来中国已经过了四年了，<u>来中国的目表就是学习汉语的</u>。

④*再说，学习汉语的时最难的问题就<u>是记住汉字的</u>。

⑤*既能学料理，又能学汉语，<u>真是一举两得的</u>。

⑥*我每天得练习写字，预习新课、复习学过的东西，起码天天用两个小时，<u>但我的成绩还是不好的</u>，使我想放弃。

⑦*我当翻译以后才发现了以前跟中国人用汉语交流时我的语言理解<u>是太马</u>

马虎虎的。

⑧*那，挫折是能不能避免的？

⑨*后来大部分人都是戒烟的。

例①～⑤的主语“童年的日子”“人生的道路”“最难的问题”等和宾语“多么幸福”“那么坎坷”“记住汉字”之间存在同一或类属关系，“是”使这种关系得以建立，为动词。因而全句是“是”字句，而与表示某种语气的“是……的”句（二）无关，“的”需删除。

例⑥中的“还是”为副词，表示某种现象继续存在；“不好”即继续存在的现象，结构上是形容词短语做谓语，全句为形容词谓语句；助词“的”多余。这与吴颖（2010）所谓表示一种反预期语义的“还＋‘是……的’”、全句为“是……的”句（二）的情况不同。例⑦中的副词“太”表示程度过分，可以与语气助词“了”构成“太……了”结构，强调说话人的某种主观看法。虽然“是……的”句也可以表示强调，但其语用意义是说话人认为某个事实可能会被误会或者被忽视时，用“是……的”进行申辩或提醒听话人注意。（李海燕，2006）这里则是直接表达说话人的看法，故不宜使用“是……的”句（二）。例⑧中“是……的”格式所表示的肯定的语气，与正反疑问句的构成形式“能不能”相矛盾（刘月华等，2001），只能用其中一种形式。例⑨要表达“后来”的一种不同于以往的情况，需用语气助词“了”表示变化，而不应用表达静态肯定的“是……的”格式。

1.3 该用而未用

该类偏误指应该使用“是……的”句（二）而未使用的偏误现象，只有5句。例如：

⑩*中国的面积是世界上最大的，人口最多，也是发展中国家最大的国家。

⑪*我相信通过这件事，法律对，不违法，这是有情，但我们也要实现也要求。

例⑩提到中国的“面积”“人口”，第一个分句使用“是……的”句（二），第二个分句却未使用，不符合语篇结构上的一致性要求。例⑪的第二分句是单独的性质形容词做谓语，这种用法的形容词带有比较、对照之义，与前后语境所表示的整体意义不符。改为“法律是对的”，即取消了比较义。

1.4 可用而用时出错

所谓“可用”的意思是“可以用也可以不用”。这类偏误是在可以使用“是……的”句（二）的情况下使用了该句式，但句中存在种种不当之处。此类偏误数量最多，共有931句。

1.4.1 “主语+是……+（ ）”偏误

此类偏误属“是……的”格式缺“的”，“是……的”句（二）中此类偏误是最多的，共计549例。根据“是……的”中间的成分性质的不同分为3类：中间成分为形容词性词语的，有241句，如例⑫～⑭；中间成分为动词性词语的，有280句，如例⑮～⑰；中间成分为固定结构的有28句，如例⑱⑲。

⑫* 孩子们虽然交朋友很简单，不过跟朋友离开是非常难受。

⑬* 我觉得绿色食品和不挨饿是同样重要。

⑭* 我自己是挺别扭。

⑮* 当然，我能够健康地长大，是离不开父母的爱和关怀。

⑯* 开始的时候，我是非常讨厌他，因为他整天迫着我做功课。

⑰* 的确不错，只要我们能有计划的分工合作。是能办好事，治理好国家，人民生活得好。安居乐业。

⑱* 所以我认为，怎样去进行有效阅读是因人而异。

⑲* 或许在别人的眼里他为我所做的一切是微不足道，但对我，却影响它很大。

“是”和形容词连用有两种潜在的功能，其一，“是”为关系动词，表示判断，整个句子是典型的判断句。比如“成功的基础是勤奋”“这是鲁莽，不是勇敢”。（吕叔湘，1980；范晓，1998）其二，“是”是表强调的语气副词，有“的确、实在”的意思，是对前文已知信息的再次确认，在口语中要重读。而在上述各例中，“是”明显不表示判断；考察上下文，也不是对前文的再次肯定。

如前所述，这类偏误出现在可用可不用“是……的”句的语境中，用之可以带有一定的语气意义，不用也不影响基本语义的表达。从前者的角度看，应属“是……的”句（二）中缺少“的”的偏误，加上“的”即正确句；从后者的角度看，“是”是一个多余的成分，将其去掉就成为正确的形容词谓语句或动词谓语句。本文认为，“是……的”句在有“是”的情况下，绝对不能单独省略“的”。

因此将上述偏误视为缺“的”的偏误。

有些句子也属此类，但具体情况有所不同，即还存在增减副词、助词、能愿动词，以及语序的问题。例如：

⑳* 吸烟对个人健康的坏处是已经很明显。

㉑* 另外，城市的气氛是跟乡村完全不一样了。

㉒* 但是现在情况变了，吃什么建康是对现代人来说最重要。

㉓* 我们地球上的人类是风雨同舟。

㉔* 而遇到了挫折后，产生的结果都是五花八门。

“是……的”句（二）表达一种主观评价，强调事物、事件的静态属性，不能表示动作或性质状态的变化。例⑳的语境是阐述吸烟的坏处，意在告诫人们不要吸烟。从“是……的”句（二）的角度看，“吸烟对个人健康的坏处”并没有从不明显到明显的变化。而副词“已经”却表示动作或性质状态发生了变化，其重要表征之一就是“已经”经常和句尾助词“了”同现。因此，若用“是……的”句（二），需将“已经”删除。例㉑中，句尾“了”表示城市的气氛跟乡村从一样变为不一样，但这不符合文中作者的原意，所以首先要去掉“了”，然后加上“的”，使之成为“是……的”句（二）；或去掉“是”，使其变为一般的描写句。例㉒在用于“是……的”句（二）时，除需加“的”之外，还需将“对现代人来说”移到“是……的”格式之前。因为句子强调的是“最重要”，而非对谁而言；例㉓除加“的”之外，还应加能愿动词“应该”；例㉔除加“的”之外，还应去掉范围副词“都”。

1.4.2 “主语+（ ）……+的”的偏误

此类偏误属“是……的”格式缺“是”，“是……的”句（二）中此类偏误也很多，共有382例。根据“是……的”中间的成分性质的不同分为3类：中间成分为形容词性词语的，有121句，如例㉕～㉗；中间成分为动词性词语的，有231句，如例㉘、㉙；中间成分为固定结构的有30句，如例㉚、㉛。

㉕* 世界上凡事都一样，我们一定不要先做再想，要先想再做才对的。

㉖* 我发现了中国人非常尤好的，非常热情，也特别愿意考虑别人。

㉗* 环境污染，其中噪音污染很厉害的生活当中。

㉘* 虽然这个妻子没有回恢的可能性，可是冷淡地说一直治疗她也没有用的。

㉙* 虽然自杀也是个很大罪恶，但这样情况下可以原谅的。

㉚* 城市生活，乡村生活都“有利有弊”的。

㉛* 我认为这个规定理所当然的，而且在现在情况下必不可少的。

以上偏误句的实质为“是……的”句（二）中“是”的省略问题，即在哪些情况下必须保留“是”。易平平（2009）认为，在口语中，或者当“挺、够、怪、蛮＋形容词 / 心理动词”或“会＋动词结构”进入“是……的”时，“是”倾向于省略；而当单个词进入，或者在涉及事件的句子里，客体论元做主语时，“是”倾向于保留；当“最＋形容词 / 动词结构”进入“是……的”时，“是”绝对不可以单独省略。这样看来，例㉕是单个形容词进入“是……的”；例㉖、㉗虽然是偏正结构，但并不符合“挺、够、怪、蛮+形容词/心理动词”进入“是……的”的省略条件；例㉘～㉛都不符合“会＋动词结构”进入“是……的”的省略条件，所以“是”不宜省略。例㉗另有语序问题，即“生活当中”应前加介词“在”，并移到“噪音污染”之后。

1.5 其他偏误

此类偏误有两类，一类是在应该或必须使用“是……的”句（二）的情况下使用了“是……的”句（二），但结构不完整，即缺失“的”或“是”，有 7 句。根据“是……的”中间成分性质的不同，可分 3 类：（1）中间为形容词性词语，有 2 句，缺“的”、缺“是”各 1 句；（2）中间为动词性词语，有 4 句，缺“的”、缺“是”各 2 句；（3）中间为固定结构，只有缺“的”1 句。另一类偏误，“是……的”格式本身没问题，但某些词语的语序不当，有 22 句。根据“是……的”中间成分性质的不同，可分 2 类：（1）中间为形容词性词语，有 11 句；（2）中间为动词性词语，也有 11 句。例如：

㉜* 我初中是男女混合的学校毕业（　），高中是男子学校毕业的，却都是挺有趣，都对我好处。

㉝* 长大了以后，跟母亲常常吵加，可是我知道母亲还是爱我（　）。

㉞* 总括而言，我认为男女分班不是最好的教育方式，过去几十年来，采纳的男女混合式教育都没出现太大的问题，还是值得继续延用（　）。

㉟* 世间事并不是一帆风顺（　）。

㊱* 但我认为这样的理解是不全面的，(　　) 片面的。

㊲* 因为我觉得他这样的办法才是适合于人道主义的，而且 (　　) 忠于职业精神的。

㊳* 这篇文章是反映出了我们所生活的现实社会的，而且 (　　) 富有哲学性的。

㊴* 在这样的世界上，只顾于国内是对几乎所有的企业来说很不利的。

㊵* 这是当然有理由的。

㊶* 我以为我们面临的这个问题是用高科技术可以解决的。

㊷* 因此控制抽烟场所不是过分的。

㊸* 但是还是抽烟的青少年也不少而且不是会保持市容整洁的。

如前所述，“是……的”句（二）在有“是”的情况下不可以省略“的”，例 ㉜～㉟ 均违反了此项规则，因而都是偏误句，应该在例句末尾的括号处加“的”。例 ㊱～㊳ 由于语篇中前后句结构一致性的要求，应该使用同样的句式结构，故应在例句中间的括号处加“是”。例 ㊴～㊶ 要强调的焦点分别是“很不利”“有道理”和“可以解决”，而非“对所有的企业来说”“当然”和“用高可技术”，故应将后者移到“是”前。“是……的”句（二）的否定形式，否定词应在“是”后，这是两种“是……的”句的重要区别之一。因此，例 ㊷、㊸ 的否定词“不”应移至“是”的后面。

1.6　小结

上面从四大类偏误类型、三种句子结构的角度对“是……的”句（二）的偏误情况进行了考察与分析。为了更直观地总体呈现不同的偏误类型，特将上述考察与分析的结果归纳为表 1。

表 1　“是……的”(二) 偏误类型

偏误类型 ＼ “是……的”中的词语性质		形容词性词语	动词性词语	固定结构	总计	在偏误总数中所占比例 (%)
不该用而用：32	该用是字句	2	8	1	11	3.2%
	该用一般的形容词谓语句或动词谓语句	4	17	—	21	
该用而未用：5	—	5	0	0	5	0.5%

续表

“是……的”中的词语性质 / 偏误类型		形容词性词语	动词性词语	固定结构	总计	在偏误总数中所占比例（%）
可用而用但有错：931	主语＋是＋……＋（ ）	241	280	28	549	93.4%
	主语＋（ ）……＋的	121	231	30	382	
其他偏误：29	—	13	15	1	29	2.9%
总计：997	—	386	551	60	997	100%
在偏误总数中所占比例	—	38.7%	55.3%	6.0%	—	100%

横向看表 1，“可用而用时出错”是主要的偏误类型，所占比例高达 93.4%。其中“是……的”格式缺“的”占 59%，缺“是”占 41%。其他 3 种偏误所占比例虽然都很小，但也反映出学生对“是……的”句（二）的语用条件存在不清楚的状况；对“是”在句中的位置，或者说对该句式中的副词、介词短语的位置，“是……的”句（二）与“是……的”句（一）否定形式的区别的认识还存在一定程度的混淆。

纵向看表 1，“是……的”格式中间为动词性词语的偏误句多达 551 例，占总偏误数的 55.3%，是主要的偏误类型。“是……的”格式中间为形容词性词语的偏误句为 386 例，占总偏误数的 38.7%，是居于第二位次的偏误类型。而“是……的”中间是固定结构的偏误最少，只占 6.0%。这类偏误虽少，但涉及学生对汉语成语、习语的习得研究，值得做专门的研究。

2. 偏误原因探析

2.1 从偏误类型与习得的角度看

2.1.1 目的语知识不足

从上面一节可以看到，在各类“是……的”句（二）的偏误中，“可用而用时出错”是主要的偏误类型，所占比例高达 93.4%。其中“是……的”格式缺“的”占 59%，缺“是”占 41%，相对来说，前者的偏误更严重。

在“是……的”句（二）中，“是……的”格式是一个整体，可以同时出现，也可以同时省略。“是”相对自由，在某些情况下可以省略；“的”则完全不自由，具有极强的黏附性，在任何情况下都不能省略。学生对这一特征认识不足，未将“是……的”格式作为一个整体加以把握，是造成缺“的”偏误的主要原因；对省略“是”的规则认识不清，是造成缺“是”偏误的主要原因。

2.1.2　学习策略的影响

第二语言学习者倾向于使用“主题—述题”结构。不管外语学习者的本族语是哪种语言，也不管他学的是什么外语，都要经历一个使用“主题—述题”结构的阶段。(王初明,1990)而“主语+是+主谓/动词短语”就是比较清晰的“主题—述题”句，“是”只起桥梁连接作用。(谢福，2008)这种句型结构清晰，非常有利于边思考边表达，例如“减少订货的原因是销售量减少了”“这次能够来也是费尽千辛万苦”。这样的句子使用多了以后，主语后面加“是”逐渐“化石化”。遇到“是……的”句(二)时，缺“的”偏误就会出现，例如“……现在要改变这个情况是很困难”。

2.2　从语法本体研究角度看

2.2.1　对“是……的”句认识不足，重视不够，研究不够

在现代汉语语法本体研究中，学界几乎从未将“是……的”句看作一个独立的研究对象，也很少把“是……的”句作为一个独立句式加以研究，更缺乏深入的研究与解释。以几部颇具影响的大学中文系的《现代汉语》教材为例，有的不予涉及，完全忽视，例如胡裕树(1981)，黄伯荣、廖序东(2002)；有的虽然没有专门研究，但在例句和练习中有所涉及，例如邢福义(1991：329、356)、北京大学中文系现代汉语教研室(1993：298、308、312)；有的则是将其作为一个独立句式，例如北京大学中文系现代汉语教研室(2003：253)。可惜也只是举了“是……的”句(一)和“是……的”句(二)各一个例句，并未作详细解释。以此看来，语言本体研究并未给对外汉语教学提供可资借鉴的研究成果。其实即使是对外汉语教学领域，虽然历来重视该句式的教学与相关研究，但也存在着不同的意见和做法，例如有的对外汉语语法教材的特殊句式中就不含“是……的”句。(齐沪扬，2005)。

2.2.2　“是……的”句(二)的语用功能尚未得到深入研究

刘月华等(1983：491)指出：“是……的”句(二)“有时表示强调、肯定或

态度坚决，有时表示口气的缓和或委婉”；在该书增订版（2001：771、774）中则不再提“强调”和“态度坚决”，而改称“肯定语气”；在论及“是”和“的”的省略问题时，则表示“用‘是……的’时语气肯定，口气委婉缓和，有说理的意味，目的是要人相信，不用‘是……的’时语气较强，有时显得简洁、直爽。”存在的问题是，该句式究竟表示肯定、强调，还是表示委婉和缓？何时表示肯定、强调？何时表示委婉和缓？“语气肯定”和“口气委婉缓和”到底是什么关系？是不是任何句子都可以加上“是……的”来表达强调或委婉的语气？“是……的”句（二）的使用条件究竟是什么？这些问题尚未见到有很强的规律性的描述和清晰的解释，还需要深入研究。

2.2.3 “是”的隐现问题尚未得到解决

学界的主流观点一向认为“是”大多可以省略，李海燕（2006）的研究则表明，在实际的语篇中，“是……的”(二）除了句中有“会、要”等词以外，省略“是”的情况非常少见，低于10%。但是为什么绝大部分的句子都不能省略“是”？该研究并未在理论上予以解释。易平平（2009）对此有所探索，也得到一些倾向性的意见，但解释性与概括力并不强。

2.2.4 缺乏对“是……的”句（二）及其相关句式的比较研究

“是……的”句（二）的某些偏误形式从句子结构上看，与汉语某些其他句式存在密切关系。例如“是……的”句（二）缺“的”的偏误句与汉语形容词做宾语的“是”字句形式上相同，又可以视为形容词谓语句多“是”的偏误。要把“是……的”句（二）与“是”字句、形容词谓语句的结构和语义说清楚，句式间的对比分析是必不可少的。从本体研究的情况看，目前确实缺少这种对比研究。

3. 测试：留学生与母语者的对比分析

“HSK 动态作文语料库”只做了偏误标注，很适合偏误分析，从中可以看到外国汉语学习者在学习“是……的”句（二）时存在哪些偏误，但无法依据该库了解学习者究竟学到了什么，与母语者相比有哪些差异。为了弥补这一缺陷，本章采用测试的方法，来考察中外学生对“是……的”句（二）的认知与应用情况，以期发现二者的不同特点。

3.1　测试目的

（1）考察在没有外界干扰和“是……的”形式提示的情况下，留学生对“是……的”句（二）及相关句式的使用情况。

（2）考察在外界有“是”“的”或“是……的”这些形式提示和干扰时，留学生对“是……的”句（二）及相关句式的使用情况。

（3）将上述结果加以比较，看留学生在习得“是……的”句（二）及相关句式时有何特点。

（4）将上述结果与母语者对比，发现相同与不同之处。

3.2　试卷的设计

试卷包括两个大题，25 个小题。第一大题共 4 个小题，要求根据给出的形容词性词语或动词性词语完成句子，考察学生在没有外界干扰和暗示的前提下，“是……的”句（二）、“是”字句、一般的形容词和动词谓语句的使用情况。第二大题共 21 个小题，要求判断正误并改错，考察学生在有一定外界干扰和暗示的情况下对上述句式的辨析和应用能力。

为了避免被试因为问卷试题所测知识点的相同而猜测到测试意图，作出带有规律性的判断和修改，我们设计了四个干扰项，分别是“有”字句、“使”字句、“被”字句、状态形容词做谓语 + “的”后缀的正确或偏误表达。

为了保证测试的信度和效度，我们对无关因素进行了控制。比如，控制字词的难度，不因难字难词影响学生对题目的理解，尽可能使学生专注于语法判断；测试题大多根据“HSK 动态作文语料库”中的偏误语料修改而来，以保证测试语料和实际偏误语料的一致性。

3.3　测试对象

留学生：汉语相关专业本科三年级以上的汉语学习者。这些被试均为高级阶段的汉语学习者，具有较高的汉语水平和一定的汉语语法基础，与语料库中的语料来自参加高等汉语水平考试的汉语学习者的情况相近。

母语者：有一定汉语语法基础的中国大学生，专业包括文学、历史、金融、语言、数学、计算机等学科。

3.4 测试过程

正式调查前，对 10 名留学生和 5 名中国学生进行了预测，对不合适的题目进行了几次修改。

共向留学生发放试卷 40 份，收回有效试卷 29 份。其中本科生 11 人，硕士研究生 16 人，博士研究生 2 人。

对汉语母语者的调查，由本人实施一对一的测试，获取有效试卷 30 份。

3.5 数据统计与分析

3.5.1 “完成句子”的测试结果分析

本部分有 4 个题目，要求根据前面分句或上半句，用给出的词语造句；目的是考察留学生对“是……的”句（二）和相关句式的应用情况。为了使统计结果具有可比性，将原始数据换算成了百分比。分析结果详见表 2。

表 2 “完成句子”的统计数据

测试结果与统计数据 / 测试题	使用“是”字句（%）		使用“是……的”句（二）(%)		使用形容词/动词谓语句（%）		其他（%）	
	留学生	母语者	留学生	母语者	留学生	母语者	留学生	母语者
[1] 那时候应该培养孩子不怕困难、不怕挫折，应该培养他们百折不挠的精神，这______（重要）	31.0	—	51.7（其中省“是”6.7）	36.7	13.8	63.3	3.4	—
[2] 因此，如果因感情出现问题而离婚，这______（理解）	13.8	—	55.2（其中省“是”25.0）	56.7	27.6	40	3.4	3.4
[3] 我认为学汉语最难的______（写汉字）	93.1	96.7	—	—	—	—	6.9	3.4
[4] 令我惊奇的是这件衣服穿在她身上______（那么合适）	20.6	76.7	⋆3.4	—	65.5	23.3	10.3	—

从表 2 的统计结果可见：

（1）总体来看，把留学生在 4 个题目上的所有正确率相加（包括“其他”选项），再除以 4，得到的平均正确率为 79.95%。应该说，总的习得情况还是比较好的。

（2）从句 [1]、句 [2] 的答题结果看，当母语者选择形容词谓语句和动词谓语句式时，有 13% ～ 31% 的留学生选择了“是”字句；当母语者在形容词谓语句或动词谓语句式和“是……的”句作出相应选择时，留学生却更多地作出了与母语者相反的选择。这表明相当一部分留学生还不能在“是”字句、“是……的”句（二）、形容词谓语句或动词谓语句之间做出正确、妥善的选择，这部分学生对这几种句式的认识还存在问题。而且在一定程度上存在对“是”字句的使用偏好，这证明了上一节中对留学生偏误原因中学习策略的推测。

（3）从句 [3] 的答题结果看，留学生对“是”字句的掌握情况非常好，和母语者的表现大致相同。

（4）从句 [4] 的答题结果看，当大多数母语者选择“是”字句时，只有 20% 左右的留学生作出了相同的选择，大多数人则选择了形容词谓语句和动词谓语句。这表明留学生对汉语句式的语感较弱，尚不能从多于一项的正确答案中选出最佳答案。

（5）从句 [1]、句 [2] 的答题结果看，那些选用“是……的”句（二）却又省略“是”的学生，对该句式中“是”的省略条件缺乏足够的认识，母语者则不存在这一问题。

3.5.2 判断正误并改正的测试结果分析

3.5.2.1 可用可不用“是……的”句（二）的测试结果分析

本部分一共 7 个小题，其中的 6 个偏误句结合语境来看，既可以改为“是……的”句（二），也可以改为一般的动词或形容词谓语句；正确句 1 例。测试目的是考察对于此类偏误句，留学生的接受度如何；如果不接受，倾向于使用“是……的”句（二）还是一般的形容词谓语句或动词谓语句。答题结果归纳为表 3（原始数据换算成了百分比）。

表3　可用可不用“是……的”句（二）的句子的统计数据

测试结果与统计数据 / 测试题	可接受度①(%)		改为形谓句/动谓句②(%)		改为“是…的”句（二）③（%）		改为其他(%)	
	留学生	母语者	留学生	母语者	留学生	母语者	留学生	母语者
[1]★在我国，长期以来都是男女混合教育，现在要改变这个情况是很困难。	24.1	13.3	21.7	53.8	78.3	46.2	—	—
[2]★世界上凡事都一样，我们一定不要先做再想，要先想再做才对的。	55.2	10	46.2	77.8	46.2	11.1	7.7	11.1
[3]★当个好导游并不容易，因为导游的任务很重大的，比如导游要负责游客的安全。	51.7	23.3	66.7	73.9	33.3	26.1	—	—
[4]★的确不错，只要我们能有计划地分工合作，是能办好事，治理好国家，发展好经济。	41.4	10	只要……就/一定/才 76.5	18.5	23.5	81.5	—	——
[5]★开始的时候，我是非常讨厌他，因为他整天逼着我做功课。	48.3	30	73.3	85.7	26.7	14.3	—	—
[6]★虽然自杀也是个很大的罪恶，但在这种情况下可以原谅的。	62.1	23.3	18.2	21.7	81.8	78.3	—	—
[7]当然，我能够健康地长大，是离不开父母的爱和关怀的。	89.7	90	33.3	66.7	改为“是”字句 66.7	去掉“是”33.3	—	—

依据表3，可以得出以下结论：

（1）对6个偏误句，留学生和母语者都有部分人认同④，但留学生显著多于母

① 指认为此句正确的人数比例。对此句除涉及“是……的”句（二）以外地方的修改忽略不计。

② 这里比例的分母是对涉及“是……的”(二）句式偏误之处进行修改的句子数量。

③ 比例的解释同②。

④ 关于母语者对偏误句的认同问题，应从本体研究的角度进行探讨，本文不予讨论。

语者，而且比例悬殊：留学生大多超过母语者 1 倍以上，甚至是母语者的 4 倍、5 倍。对正确句的认同度则都非常高，与母语者没有显著差异。

（2）从句 [2]、[3]、[6] 的情况看，半数以上留学生（51% ～ 62%，平均 56.3%）对缺“是”但有“的”的结构表示认同；母语者较少认同（10% ～ 23%，平均 18.87%）。

（3）从句[1]、[4]、[5]的情况看，三分之一以上的留学生（24% ～ 48%，平均 37.9%）对有“是”但缺“的”的结构表示认同；母语者较少认同（10% ～ 30%，平均 17.77%）。

（4）在对偏误句的修改方面，留学生和母语者呈现显著差异：前者更多地改为“是……的”句（二），后者更多地改为形容词谓语句或动词谓语句。但句 [4]、[6] 情况相反：句 [4] 因为受到“只要……就……”复句形式的影响，留学生更多地选取了动词谓语句，而母语者则不受“只要……就……”的影响，更多地选择了“是……的”句（二）；句 [6] 是用转折复句表达自己的看法，是在承认一种共识的前提下，指出其中的可理解成分，语气自然比较委婉，更适合采用“是……的”句（二）。这同样表明留学生尚不能从多于一项的正确答案中选出最佳答案。

（5）从修改句子的情况看，母语者对句式的掌握更灵活，修改更简洁。留学生在灵活性和简洁性方面则相对较弱。

3.5.2.2 不该用而用“是……的”句（二）的测试结果分析

本部分的题目共 6 句，其中有 5 句是误带“是……的”句（二）的偏误句。目的是考察对不该用“是……的”句（二）而使用的偏误句，留学生的接受度如何，以及是否能改为正确的形式。第 6 句是与第 5 句相关的一个比较句式，考察在“是……的”句（二）有“还是”出现时，学生的掌握情况。答题结果归纳为表 4（原始数据换算为百分比）。

表 4 不该用而用“是……的”句（二）的统计数据

测试题 ＼ 测试结果与统计数据	可接受度（%）		改为形容词/动词谓语句（%）		改为“是”字句（%）		改为其他（%）	
	留学生	母语者	留学生	母语者	留学生	母语者	留学生	母语者
[1]* 我来中国已经四年了，来中国的目的就是学习汉语的。	48.3	10	—	—	100	100	—	—
[2]* 以前，办公室里空气很差，因为很多人吸烟，后来大部分人都是戒烟的，空气才变得好起来。	37.9	3.4	77.8	93.1	22.2	6.9	—	—
[3]* 挫折是能不能避免的？	31.0	6.7	挫折能不能 / 能否避免？ 50	53.6	“是……的”句（二）的是非问 10	35.7	未改对 40	10.7
[4]* 这本书使我认识到人生的道路是那么坎坷的，使我想到，我是何等地幸福。	75.9	16.7	—	—	85.7	100	14.3	—
[5]* 我每天最少花两个小时预习新课，复习学过的东西，但我的成绩还是不好的，这使我想放弃。	48.3	10	100	100	—	—	—	—
[6] 这个想法还是不错的，所以我希望大家再好好考虑一下。	75.9	100	改为“是不错的”42.9 “不错”14.3	—	*改为“还是不错”28.6 “还是不好的”14.3	—	—	—

从表 4 可见：

（1）留学生对句 [3]“是……的”句（二）用于正反疑问句、句 [2] 表示动态变化的句子用上“是……的”结构的认同度相对较低，为 31% 和 37.9%。说明大部分人对这两点认识清楚，都能作出正确的判断。

（2）句 [1] 和 [5] 分别考察动词短语做宾语的“是”字句、形容词谓语句与“是……的”中间是形容词短语的“是……的”句（二）的混淆问题。留学生对二者的接受度相同，都是 48.3%，表明近半数留学生无法对相关句式作出正确判断。但是，一旦能发现偏误，学生都能达到 100% 的修改正确率。

（3）因为副词“还是”的多义性，在表达不同的语义时，句末有时有“的”，有时无“的”。句 [5] 和 [6] 是对此知识点的考察，从数据来看，学生对这两种表达有一定的区分能力，但是对“还是+形容词”的表达还有将近一半人不能正确掌握。

（4）需要注意的是句 [4]，这个偏误句留学生接受度高达 75.9%，而母语者只有 16.7%，表明大多数留学生对形容词性词语做宾语的“是”字句和中间成分为形容词性词语的“是……的”句（二）还没有清楚的认识。

（5）总起来看，对上述泛化句的认可度，留学生平均为 48.28%，母语者平均为 9.36%。这进一步证明了上面第（2）点结论。

3.5.2.3 “是……的”句（二）相关句式的测试结果分析

本部分共 4 题，考察留学生对与“是……的”句（二）形式相关的宾语是形容词或动词短语的“是”字句、句中有重读的副词“是”表强调的形容词和动词谓语句的辨析情况。答题结果归纳为表 5（原始数据换算为百分比）。

表 5 “是……的”句（二）相关句式句子的统计数据

<table>
<tr><th rowspan="2">测试结果与统计数据
测试题</th><th colspan="2">可接受度（%）</th><th colspan="2">改后句子形式（%）</th></tr>
<tr><th>留学生</th><th>母语者</th><th>留学生</th><th>母语者</th></tr>
<tr><td>（1）成功的基础是勤奋。</td><td>89.7</td><td>96.7</td><td>“是……的”句 33.3
其他 66.7</td><td>勤奋是成功的基础。100</td></tr>
<tr><td rowspan="2">（2）他最喜欢的是当运动员。</td><td rowspan="2">96.6</td><td rowspan="2">96.6</td><td colspan="2">名词为宾语的“是”字句</td></tr>
<tr><td>100</td><td>100</td></tr>
<tr><td>（3）“听说他走了，我怎么一点都不知道啊？”“没错，他是走了。”</td><td>69.0</td><td>100</td><td>去掉“是”或将“是”改为“已经”100</td><td>—</td></tr>
<tr><td>（4）小金说：“无论如何，这些人太穷了！”小石说：“是太穷了。”</td><td>72.4</td><td>100</td><td>去掉“是”或改为其他表达 100</td><td>—</td></tr>
</table>

从表5可以看出：

（1）根据句[2]，留学生对动词性词语做宾语的“是”字句有非常高的识别度，所占比例和母语者相同；甚至修改者的选择也和母语者相同。

（2）从句[1]来看，约有10%的留学生还没有掌握谓词性词语做宾语的“是”字句；从其修改情况看，与“是……的”句密切相关。

（3）句[3]、[4]表明，有三成左右的留学生对“是”在形容词谓语句和动词谓语句中重读表强调的用法尚未习得。

3.6 小结

本节采用测试的方法，分别对留学生和汉语母语者输出“是……的”句（二）及相关句式的情况进行了调查。总体上看，中高级水平的留学生对以上句式习得情况较好，同时还存在不少问题。主要的问题有：

（1）从几种测试题的综合答题结果看，留学生对“主语＋（ ）＋形容词/动词短语＋的”（即缺“是”）的认可度较高（平均56.3%），这与根据语料库所作的偏误研究的结果是一致的。而大多数母语者（约占70%）认为这种结构是错误表达；这与学界主流看法及多数现有对外汉语教学教材的意见相左：学界和教材一般认为大多数情况下“是”可以省略。

（2）留学生对“主语＋是＋形容词/动词短语＋（ ）”（即缺“的”）的认可度也较高（平均37.9%），这与根据语料库所做的偏误研究的结果在总趋势上也是一致的。而大多数母语者（约占70%）认为这种结构是错误表达。

（3）大多数留学生（75.9%）认为“主语＋是＋那么＋形容词＋的”是正确表达，与汉语母语者的看法大相径庭。这表明留学生对形容词性词语做宾语的“是”字句和中间成分为形容词性词语的“是……的”句（二）的区别认识不足；泛化也是留学生习得该句式的重要问题之一。

（4）正确的“还是＋形容词短语＋的”结构，大多数留学生（75.9%）可以正确判断；但是因为“还是”的多义性，对于应该使用“还是＋形容词短语”的偏误结构“还是＋形容词短语＋的”，接近一半（48.3%）的学生判断错误。笔者对留学生随机进行了访谈，他们表示自己只是凭语感判断，在课堂学习中没有接触过这一语法点。吴颖（2010）的研究也表明，其所调查的《博雅汉语》高级阶段教材课文和练习中出现过的“还是……的”，并没有被作为一个语法点教给学生。对与“是……的”（二）相关的近似句式，教学中还未完全注意到。

（5）在偏误结构“只要……，是……”中，81.5%的母语者采用“只要……，是……的”结构，但是留学生大多（76.5%）使用“只要……就/一定……”这样的关联结构。这一方面说明留学生对汉语句式的选择缺乏灵活性与多样性，同时也为今后在更大的篇章语段中进行“是……的”句（二）习得研究提供了一些线索。

（6）留学生对“是”字句存在使用偏好，会影响到对“主语+是+形容词/动词短语+（　）”（即缺“的”）这种偏误句的判断。

4. 相关建议

4.1　本体研究方面

就“是……的”句（二）来说，本体研究需加强的内容有：

（1）语用研究。需要搞清楚什么情况下一定要用“是……的”句（二），什么情况下一定不能用“是……的”句（二）。

（2）“是”的省略条件。在什么样的语言环境中可以省略？什么时候不能省略？教学中只是用“‘是’一般都可以省略”进行说明，对留学生并无指导意义，反而还会造成误导。

（3）句式对比。加强“是……的”句（二）与相关句式，例如以形容词性或动词性词语做宾语的“是”字句，“是”重读表强调的动词、形容词谓语句的比较研究和教学。

4.2　教学方面

（1）加强相关句式的比较、辨析。

“是……的”句（二）在表达功能上与形容词谓语句和动词谓语句存在相似性，在形式上又与“是”字句有相同点，学习者对“不同但相似的刺激往往以同样的方式做出反应”，可能产生“过度泛化”。（李大忠，1999）为了避免此种情况引起的偏误，在一定的教学阶段之后，教师应该对相似语法现象进行比较和辨别，深入挖掘它们之间在语义、语用、句法功能等方面的不同之处，从而减少对目的语规则的泛化。这里试举几例说明：

在教学了“主语+是+形容词短语+的”之后，通过联想和对比，指导留学生学习“主语+还是+形容词短语+的”的形式，复习“主语+还是+形容词短语”句式，可以增强教学效果。比较：

①这个办法是很不错的，考虑到了我们公司的实际情况。

②这个主意还是很不错的，所以希望大家再好好考虑考虑。

句①是对“这个办法”的较高程度的评价，句②表示“反预期”的语法意义，即说话人针对语境里被谈及的某一事物或事态提出一种与他自己或受话人的预期、先设不一致或相反的主张、信念或观点。（吴颖，2010）句②中，说话人或受话人原本有一种“这个主意”不怎么样的心理预期，但经过思考或调查，发现这个主意不错，与原来的预期不一致。“还是+形容词短语+的”之所以具有“反预期”的语义，是因为句中的副词“还是”。再比较：

在教学了“她是很聪明的”“要处理好这个问题是非常不容易的”等句子后，引导学生归纳出“主语+是+程度副词+形容词+的”这一语法形式。同时，教师要特别指出，程度副词“多么”“太”不能进入该结构。

（2）加强语块教学，培养汉语语感。

语块教学对培养汉语语感有很大作用。语块是由两个或两个以上词构成的、连续的或不连续的序列，整体储存在记忆中，使用时整体提取，是一种预制的语言单位。（钱旭菁，2008）语块具有可以整体学习、记忆的特点，稍加修改或填充就可以直接使用。作为汉语特有结构之一的“是……的”句（二）也可以看作一个涉及句子组构的语块，教学中可将该语块的结构特征、功能特点和可以填充的成分作为一个整体习得，突出该结构的整体性特征。通过充分练习，增强记忆效果，形成汉语语感。

∷ 参考文献 ∷

北京大学中文系现代汉语教研室．现代汉语 [M]. 商务印书馆，1993.

———. 现代汉语专题教程 [M]. 北京大学出版社，2003.

范 晓 . 汉语的句子类型 [M]. 书海出版社，1998.

胡裕树，主编 . 现代汉语 [M]. 上海教育出版社，1981.

黄伯荣、廖序东，主编 . 现代汉语（第三版）[M]. 高等教育出版社，2002.

李海燕 . “是……的”句的语用分析 // 汉语教学学刊（第 2 辑）[M]. 北京大学出版社，2006.

刘丽宁 . 亚洲地区汉语学习者“是”字句习得情况调查与研究 [D]. 暨南大学硕士学位论文，2003.

刘月华、潘文娱、故 韡 . 实用现代汉语语法 [M]. 外语教学与研究出版社，1983.

———. 实用现代汉语语法（增订本）[M]. 商务印书馆，2001.

吕必松 . 关于“是……的”结构的几个问题 [J]. 语言教学与研究，1982(4).

吕叔湘 . 现代汉语八百词 [M]. 商务印书馆，1980.

齐沪扬 . 对外汉语教学语法 [M]. 复旦大学出版社，2005.

钱旭菁 . 汉语语块研究初探 [J]. 北京大学学报（哲学社会科学版），2008(5).

施家炜 . 外国留学生 22 类现代汉语句式的习得顺序研究 [J]. 世界汉语教学，1998(4).

王初明 . 应用心理语言学 [M]. 湖南教育出版社，1999.

吴 颖 . “还是”的多义性与习得难度 [J]. 华文教学与研究，2010(4).

谢 福 . 外国学生“是……的”句的习得研究 [D]. 上海师范大学硕士学位论文，2008.

邢福义，主编 . 现代汉语 [M]. 高等教育出版社，1991.

易平平 . “是……的”结构中“是”、“的”隐现考察 [D]. 北京语言大学硕士学位论文，2008.

张井荣 . 印尼学习者习得汉语“是……的”结构偏误分析 [D]. 暨南大学硕士论文，2009.

赵淑华 . 关于“是……的”句 [J]. 语言教学与研究，1979(1).

附：调查问卷

各位同学好！感谢您在百忙中抽出时间做这份问卷。这份问卷旨在调查留学生对汉语语法的掌握情况，从而改进我们的教学。谢谢您的合作！

第一部分　个人简况

国籍：____　　母语：____语　　性别：男○　女○

专业：汉语○　　其他：

如果是汉语专业，请选择：本科○　硕士研究生○　博士研究生○

是否参加过 HSK（高等）考试：是○　否○　HSK 证书级别：____

第二部分　调查问卷

一、用括号里的词完成句子。

Complete the sentences with the words in brackets.

1. 那时候应该教育孩子不怕困难、不怕挫折，应该培养他们百折不挠的精神，这______________________________。（重要）

2. 因此，如果因感情出现问题而离婚，这____________________。（理解）

3. 我认为学汉语最难的______________________________。（写汉字）

4. 令我惊奇的是这件衣服穿在她身上____________________。（那么合适）

二、判断句子的正误，对的划“√”，错的划“×”。并将错误的句子改为正确的，可以在原句上改。

True or false statements: mark “√” after the right sentences, and “×” after the wrongs. Then correct the wrong sentences into right sentence patterns. The original sentences can be changed.

1. 在我国，长期以来都是男女混合教育，现在要改变这个情况是很难。(　)

2. 本人有信心将公司的工作做好，使游客满意。(　)

3. 世界上凡事都一样，我们一定不要先做再想，要先想再做才对的。(　)

4. 成功的基础是勤奋。(　)

5. 一天傍晚，天阴沉沉的，北风越刮越大。(　)

6．的确不错，只要我们能有计划地分工合作，是能办好事，治理好国家，发展好经济。（ ）

7．当个好导游并不容易，因为导游的任务很重大的，比如导游要负责游客的安全。（ ）

8．开始的时候，我是非常讨厌他，因为他整天逼着我做功课。（ ）

9．“听说他走了，我怎么一点都不知道啊？”“没错，他是走了。”（ ）

10．虽然自杀也是很大的罪恶，但在这种情况下可以原谅的。（ ）

11．他最喜欢的是当运动员。（ ）

12．挫折是能不能避免的？（ ）

13．我北大毕业以后，被分配到北京的一家啤酒厂工作。（ ）

14．当然，我能够健康地长大，是离不开父母的爱和关怀的。（ ）

15．我来中国已经四年了，来中国的目的就是学习汉语的。（ ）

16．这本书使我认识到人生的道路是那么坎坷的，使我想到，我是何等地幸福。（ ）

17．我每天最少花两个小时预习新课，复习学过的东西，但我的成绩还是不好的，这使我想放弃。（ ）

18．以前，办公室里空气很差，因为很多人吸烟，后来大部分人都是戒烟的，空气才变好了。（ ）

19．无论在中国还是在美国，父母与孩子之间都拥有代沟问题。（ ）

20．小金说：“无论如何，这些人太穷了！”小石说：“是太穷了。”（ ）

21．这个想法还是不错的，所以我希望大家再好好考虑一下。（ ）

原载《基于语料库的汉语句式习得研究》

中国书籍出版社，2014

作者：王芳

后记一

本书是笔者从事对外汉语教学工作十多年来在语法研究方面的一个小结。套用一句名人的话，是“上一茬庄稼打了一个捆”。

本书分为上、中、下三编。其中上编 5 章考察汉语的词类问题，中编 3 章研究“是……的”句，下编 4 章探讨语段问题。

本书命名为《汉语语法的多层面考察》，是因为内容涉及词类、特殊句式和语段。笔者在词类和语段研究中主要采取了“在对有限材料的穷尽性考察的基础上进行定量分析”的研究方法。本书对所讨论的这两方面问题的认识都是在对所依据的材料的统计分析的基础上取得的。“是……的”句的研究并未使用统计分析的方法，而是根据三个平面的理论进行的研究。

在我学、教、研语法的过程中，得到过许多前辈学者和老师们的教诲，得到过诸多同学、同事、朋友的帮助。

感谢我的导师赵淑华教授指引我走上语法研究之路。赵老师的学问令我钦佩，赵老师那种“醉心学术，淡泊名利；严以律己，谦和待人”的学者风范尤其令我景仰，值得我奉为楷模，终身效仿。

在本科学习阶段，仲哲明、周同春、葛信益老师教过我现代汉语课，张之强、崔枢华、周之朗老师教过我古代汉语课，黄智显老师教过我语言学概论，许嘉璐、曹述敬、邹小丽老师分别教过我训诂学、音韵学、文字学课程。感谢他们帮助我打下了语言学的知识基础。

在研究生学习阶段和毕业后为期 3 个月的教师培训期间，张清常、吕必松、王理嘉、陈松岑、赵淑华、常宝儒、盛炎、方立、王国清、刘珣、邓恩铭、田万湘、许德楠、张维、鲁健骥、陈贤纯、张普、黄建平、任杰、张庆诸位老师教过我汉语史、现代汉语语法、语法学史、语音学、语义学、社会语言学、心理语言学、转换生成语法、理论语言学、语言教学原理、第二语言习得方面的多种课型的教学法、语言信息处理、计算机理论与实践等多方面的课程。感谢他们传授给我语言学和第二语言教学的理论知识、实践经验和具体方法，使我初步具备了从事对外汉语教学工作的能力。

我曾有幸旁听过朱德熙先生、陆俭明先生的语法分析课，胡明扬先生的普通语言学课。他们的精彩讲授不但使我学到了语言学的知识、原理和研究方法，更使我领略了大师的风采，深刻领会到应该怎样作一名大学教师。

我也曾有幸面聆胡裕树、邵敬敏、范开泰、史有为、沈开木、张维耿诸位先生的指教。胡裕树先生除亲自解答我的问题、给予我许多指导外，还安排我去拜访范晓先生和戴耀晶先生。可惜当时范先生外出未能相见，戴老师则给我介绍了许多语法研究方法方面的内容，使我受到很大启发。胡先生诲人不倦的精神令我感动。

我在投身对外汉语教学工作之初，即有幸参加胡明扬先生的课题组，在胡先生的亲自指导下从事现代汉语词类的研究工作。胡先生不仅教给我搞研究、做学问的方法，而且教给我严肃的工作态度和严谨的工作作风。胡先生的耳提面命令我终身难忘。

在胡先生的课题组里，我还经常和贺阳、李泉、孙德金、程荣、彭睿、罗建林等各位同人讨论切磋，受益匪浅。

我在北语原二系和汉语学院从事教学工作 10 余年，李杨、刘锡荣、周思源、陈田顺、李振杰、阎德早、程相文等院系领导以及孙瑞珍老师都曾对我的教学和研究工作给予过关心、支持、指导和帮助。我衷心地感谢他们。

本书中的一些章节曾得到胡明扬、赵淑华、赵金铭诸位先生的指教。他们点石成金的指导，使我的文章增色，令我感激不尽。

1988 年我来北语读书时，崔希亮老师正在当时的语文系负责研究生工作。在学期间和毕业以后，我经常向他请教语言学方面的问题，他也总是坦诚相见，直言不讳，使我总是有所收获，有所提高。这本小书也是崔老师鼓励我交付出版的。崔老师教学、科研、校务工作纷繁，却慨允作序，令我感动。在序中，他也是一如既往，既阐发了我的研究工作的价值所在，又指出我在研究中的不足之处，使我从他的序中获得教益。应该说，没有崔老师的支持、鼓励和指教，本书是不可能问世的。

读研之前，我曾在北京市第八十中学任语文教员近6年。在那里，我曾拜特级语文教师、北京师范大学兼职教授、北京市有突出贡献的专家、全国教育系统劳动模范宁鸿彬先生为师（宁老师也是我中学时代的老师），向他学习中学语文教学的方法、经验和教育理念，跟着他探索中学语文教学改革之路。宁老师一轮又一轮的教改实验，使我非常真切地看到了一位奋斗者的不懈追求；他常说的“只有不好的教学方法，没有教不好的学生”的箴言，使我深刻理解了一位优秀教师成功的根源，并成为我从事中学语文教学和对外汉语教学工作的座右铭。

在人生道路上奔波劳碌，匆匆走来，蓦然回首，不觉半生已逝，令人感慨万千。回顾我所走过的人生足迹，固然有成功的喜悦和欢乐，但更多的则是困难和挫折。人生不如意十常八九，这本来也不足为奇。使我感到欣慰的是，成功给予我自信，挫折则给我以教益。更使我铭记于心的是，每当我遇到困难和挫折的时候，同时也就能得到真诚的支持、鼓励和帮助！这中间有的来自我的家人亲友，有的来自我的同学同事，有的来自我的领导和师长，也有的来自我的学生后辈。

人当常怀感恩之心，而我应该感谢的人是如此之多！

当然还要感谢生活！

并在余下的人生道路上对得起今后的生活！

张宝林

2005年4月25日于北京语言大学

后记二

一部书稿写两篇后记，算是一件比较奇葩的事。但事出有因，故别无选择。

本书2005年已准备出版，后因他故出版计划取消。我因单位的考试、科研、教学诸项工作繁多，此后无暇顾及此书稿，以致逐渐淡忘。去年9月，我的单位领导、时任北京语言大学语言科学院副院长的司富珍教授告知，院里决定资助老师们出版个人著作。我突然想到这部书稿，并报到院里，得到司院长的大力支持，经过专家匿名评审通过，本书遂得以出版。我要向语科院领导，特别是司富珍教授表示衷心感谢！

此书虽是10年前的旧作，但其中采用的对有限材料的穷尽性分析和统计分析的方法，在词类、语段研究中得到的具体结论，至今仍有其现实意义。为了使全书内容集中于本体研究，这次出版删去了原稿中语段部分的两章："语段教学的回顾与展望"和"汉语水平考试中的语段测试"，以及其他讨论对外汉语教学的章节。"是……的"句是汉语中非常有特色的一种句式，在对外汉语教学中意义十分重大，不但是外国汉语学习者的学习难点，而且与"是"字句和形容词谓语句的教学与习得"剪不断，理还乱"，存在非常复杂的连带关系。对"是……的"句的深入研究，不但可以加深对该句式本身的认识，而且可以促进与加深对这3种句式及其相互关系乃至整个汉语句式系统的研究。考虑到"是……的"句对教学的重要性，作为附录收入了《"是……的"句（一）偏误研究》和《"是……的"句（二）习得情况考察》两篇论文。这两篇论文来自我的学生的硕士学位论文，其中前一篇的作者是我校汉语水平考试中心语言学及应用语言学专业2007级研究生苏文娟，我对其文做了重大修改，包括某些观点的调整与删改、几部教材的重新考察和数据的重新统计，以及篇幅的大幅压缩。后一篇的作者是我校汉语水平考试中心课程与教学论专业2008级研究生王芳，对该文我也进行了部分改写和调整。此次收入本书已征得她们的同意，并把上面的说明发给她们，得到了她们的认可。我要向她们表示感谢！

10年前我请崔希亮老师为这部书稿作序，记得崔老师当时说过，这是他为别人的著作写的第一篇序言。此书迟迟未能出版，我一直愧对崔老师，深感辜负了他的希望。10年之后，本书终于出版，也算对崔老师有一个交代。我已向崔老师说明情况，并请求仍使用他当年写的序。承蒙崔老师惠允，再次向他致以深深的谢意！

感谢匿名评审专家对本书价值的肯定与评价！

本书责任编辑张维嘉老师为本书的出版付出了辛勤的劳动和很多心血，谨向她表示诚挚的谢意！

张宝林

2015年6月17日于北京语言大学